『本物の色』を再現する次世代のLED光源

Quality plus Q+
クオリティープラス

Series LINE UP

COB SPOTLIGHT miraco
反射板制御スポットライト

CYLINDER SPOT
レンズ制御スポット

PROJECTOR SPOTLIGHT Artio
プロジェクター スポットライト

MUSEUM SPOTLIGHT Artio
ミュージアム スポットライト

COB UNIVERSAL DOWNLIGHT miraco
反射板制御 ユニバーサル ダウンライト

COB GLARELESS UNIVERSAL DOWNLIGHT
グレアレス ユニバーサル ダウンライト

INDIRECT LIGHT Flexline
間接照明

DISPLAY LINE
ディスプレイ ライン

DISPLAY SPOTLIGHT
ディスプレイ スポットライト

DISPLAY DOWNLIGHT
ディスプレイ ダウンライト

太陽光の持つ色表現力を追求。あらゆる照度と色温度環境で『本物の色』を再現する次世代のLED光源。

従来光源からLED光源へ。省エネや明るさを追及した時代は終わり、照明器具は人の心に快適性や感動を与える洗練された性能を持つことが求められています。上質な光は人間の感性を動かし、豊かで繊細な空間表現を演出します。
私たち大光電機は、太陽光の持つ鮮やかな色表現力を追求した次世代光源『Quality plus Q+』を、最新の光学設計技術と融合し、新しい照明器具を提案します。人の心に豊かさを与える太陽光の色表現力を持つ照明器具は、住空間から店舗・建築空間まで、すべての空間に『鮮やかで美しい光』を届けます。

大光電機株式会社
岡山営業所／Tel.(086)243-9281　Fax.(086)244-0674
〒700-0945 岡山市南区新保677-11

http://www.lighting-daiko.co.jp

おかやまと中国地方の建築家 | Contents

岡山の建築家

赤木　定	株式会社倉森建築設計事務所	6
赤澤　輝彦	VANS岡山事務所	8
岩本　弘光	岡山県立大学デザイン学部岩本研究室／株式会社岩本弘光建築研究所	10
上田　恭嗣	ノートルダム清心女子大学	12
宇川　民夫	有限会社宇川建築計画事務所	14
大石　雅弘	株式会社ADO建築設計事務所	16
大角　雄三	大角雄三設計室	18
大瀧　珠乃	アトリエ珠一級建築士事務所	20
織田　博充	株式会社ケンチックス	22
神家　昭雄	神家昭雄建築研究所	24
神田　二郎	久世二郎建築研究室	26
岸本　泰三	岸本泰三建築研究所	28
貴田　茂	株式会社創和設計	30
倉森　治	株式会社倉森建築設計事務所	32
黒川　隆久	株式会社黒川建築設計事務所	34
佐々木　満	株式会社グランツ設計	36
佐渡　基宏	佐渡基宏建築アトリエ	38
佐藤　正平	株式会社佐藤建築設計事務所	40
芝村　滿男	株式会社ベン建築設計	42
塩飽　繁樹	株式会社塩飽設計	44
菅野　憲	株式会社ユー・ディ・ディ設計	46
高田　一	有限会社住元建築研究所	48
武田　賢治	株式会社エスポ建築研究所	50
武村　耕輔	株式会社武村耕輔設計事務所	52
てらこしのりひと	テラクリエーター一級建築士事務所	54
中桐　愼治	有限会社中桐建築設計事務所	56
楢村　徹	有限会社楢村徹設計室	58
丹羽　雅人	株式会社丹羽建築設計事務所	60
花田　則之	花田建築設計事務所	62
平山　文則	岡山理科大学工学部建築学科 平山研究室	64
福森　英樹	NEWTRAL DESIGN一級建築士事務所	66
藤田　佳篤	有限会社ケイ・エフ設計	68
宮崎　勝秀	株式会社宮崎建築設計事務所	70
山田　曉	株式会社暁建築設計事務所	72
山名　千代	さくら建築設計事務所	74
渡辺　俊雄	株式会社トシプランニング	76
和田　洋子	一級建築士事務所有限会社バジャン	78

広島の建築家

今川 忠男　今川建築設計　82
大旗　祥　大旗連合建築設計株式会社　84
久保井邦弘　株式会社アトリエドリーム　86
小泉　満　AK建築設計事務所　88
錦織 亮雄　株式会社新広島設計　90
元廣 清志　有限会社元廣建築設計事務所　92
八納 啓創　株式会社G proportion アーキテクツ　94

山口の建築家

三村 夏彦　有限会社堀設計事務所　98

島根の建築家

白根 博紀　白根博紀建築設計事務所　102
矢田 和弘　有限会社環境計画建築研究所　104
山根 秀明　有限会社アイエムユウ建築設計事務所　106

鳥取の建築家

杵村優一郎　杵村建築設計事務所　110

特集
建築賞受賞作品紹介

JIAの建築賞を受賞した作品
　JIA日本建築大賞　受賞作品　114
　日本建築家協会賞　受賞作品　114
　JIA新人賞　受賞作品　114
　JIA25年賞　受賞作品　115
　JIA環境建築賞　受賞作品　116
JIA中国建築大賞
　中国地方から、新しい建築文化の流れが生まれつつある
　　JIA中国建築大賞 審査委員長　内藤 廣　117
　JIA中国建築大賞 受賞作品　118
JIAとは
　JIA（日本建築家協会）について　128
　主な活動紹介　129

掲載者一覧　136

イオンモール岡山（岡山市）

外観

未来スクエア

ハレマチガーデン

ハレマチダイナー

青山OHMOTOビル（東京都港区青山）

外観

メインアプローチ

オープンカフェ

設計・施工

[本　店] 700-8550　岡山県岡山市北区内山下1丁目1番13号　TEL 086-225-5131
[本　社] 107-8514　東京都港区南青山5丁目9番15号　TEL 03-6752-7007
　　　　　　　　　　青山OHMOTOビル

岡山の建築家
ARCHITECTS IN OKAYAMA

グリーンヒルズ津山の敷地内にある津山市立みどりの丘保育所の北東側外観。「家にいるようなリラックスした気持ちで過ごしてほしい」という思いから、小さな家が並んで建っているイメージで設計した。

株式会社倉森建築設計事務所

赤木 定

社会と環境の中で活かされ、
末永く生き続ける建築を目指して

細部まで行き届いた、人と環境へのやさしさ

　2017年1月に開園した「津山市立みどりの丘保育所」を手掛けた「倉森建築設計事務所」代表の赤木さん。乳児から幼児、支援を必要とされる小児まで、さまざまな年代の子どもたちが過ごせる生活の場として家庭的な雰囲気を出すよう心掛けて設計したという。同時に、社会性を育む交流の場としての役割も担うようにと、デッキを備えた半屋外の空間や、本棚のあるアルコーブやデン、柱の周りで遊べる磨き丸太を複数配置した遊戯室など、子どもたちの好奇心を満たす仕掛けを随所に施して、子どもの自発的かつ創造的な活動を促す施設づくりを行った。また、地元・津山産の木材をはじめとした岡山県産材をふんだんに利用した木構造であることも特徴のひとつ。木のぬくもりを感じながら子どもたちがのびのびと過ごせることに加え、地元の建材を使うことで地域の活性化にもつながっている。

　赤木さんは「一時預かりや子育て支援センター、地域交流ホールとして活用できるスペースも準備しています」と話す。求められている時代のニーズに柔軟に対応する、地域に開かれた場所として、その役割を果たしてくれそうだ。

　2011年に完成した「玉野市斎場」は、既存火葬炉を運用しながらの建替えで、既存の待合棟・管理棟は改修し再利用するというプログラムであり、配置計画と建物間の段差の解消に苦労したという。建物沿いに大庇を設けたり、床組を工夫し、雨の日もだれでも段差なく移動できるやさしい建物となっている。また、エントランスと炉前の間に設置した告別ホールは、壁の代わりに柱を数本並べてすき間を作り、解放感のある空間になった。機械室部分は、古代エジプトで建設された墓の原型でもあ

保育室内の床やロッカーには岡山県産のヒノキを使用。窓や扉に五角形のモチーフを取り入れるなど、建物の所々に遊び心が加えられている。

玉野市斎場の炉前ホール。壁面はコンクリートの打放しを斫ってトップライトから入る太陽光を分散させ、やわらかな日差しが降り注ぐ空間に。

磨き丸太を柱に使った遊戯室。子どもたちが木の柱に触れて遊ぶことができる。遊戯室の建物棟は五角形の形をしていて、正面にはステージが設置されている。

玉野市斎場の待合室。洗練されたデザインで「第4回おかやまUD（ユニバーサルデザイン）たてものコンテスト優秀賞」を受賞した。

DATA
名称：津山市立みどりの丘保育所
所在地：岡山県津山市大田
構造・面積：木造一部鉄筋コンクリート造、1階建、延べ床面積2000.93㎡
施工期間：2015年9月〜2016年9月
設計基本方針：象設計集団

るマスタバをイメージした形態に。待合、告別、炉前の各空間は、人生の終焉の場として装飾は取り入れず、光・風・緑など自然と調和した明るく清楚な空間づくりに努めた。結果、一見すると斎場に見えないような気品ある建物になった。

「建築は与えられた目的や条件の中で、機能性や地域性、環境性、耐久・持続性、経済性などのあらゆる点を追及し、でき得る最良の解を導きだして、かつ、そこに美しさを高める感性が統合されなければいけません。そして最終的にはその建築が人々に幸せを与えなければいけないと思っています」という赤木さん。隅々まで気遣いが行き届いた、人と環境にやさしいその建築スタイルで、自身が目指しているという「末永く使ってもらえる、親しみやすい建物」を作り続けてくれるはずだ。

赤木 定（アカギ・サダム）
■生年／1956年1月11日
■主な仕事の実績
久米南町文化センター
桜が丘いきいき交流センター
旭川児童院
旭川療育園・睦学園
旭川敬老園
玉島警察署
津山市立東小学校

■受賞歴など
第1回おかやまUDたてものコンテスト優秀賞
第2回おかやまUDたてものコンテスト県民賞
第5回おかやまUDたてものコンテスト最優秀賞
■所属団体
（公社）日本建築家協会
（一社）日本建築学会
（一社）岡山県建築士事務所協会
（一社）岡山県建築士会
岡山建築設計クラブ

Office DATA
事務所名／株式会社倉森建築設計事務所
代表者／赤木定
所在地／岡山市北区丸の内1-9-3
電話／086-231-6191
ファクス／086-231-8087
ホームページ／http://www.kuramori.com
E-mail／architect@kuramori.com

VANS岡山事務所

赤澤 輝彦

狭小地住宅から施設、店舗まで。
使われてこそ価値が見えるものづくり

　飲み、食べ歩くことがとにかく大好きだと言う赤澤さん。「酒や料理と建築は全く違うようで、どこか似ているんです。どちらも材料を吟味し、人に幸せになってもらうために作るものですからね。有機的なモノづくりをしようと思えば、"うまいもの"に興味がないと」。そう語る赤澤さんのモットーは、使うほどに心地良さが広がる空間づくり。ことに、家は長い人生の拠点。どんなに上質な材料を使って美しく設えられても、人が暮らすことによってその建築的価値が崩れてしまうような家では意味がない。住み手のライフスタイルや将来の暮らしの変化を見極め、生活感が加わることでさらに心地良さが増す、「暮らしても"うまい"」家づくりを目指している。

小さくても広く豊かに暮らせる家

　赤澤さんのもとには、狭小地や低コストなど、一筋縄ではいかない依頼も数多く舞い込む。例えば、30代の夫婦から相談を受けた住宅新築。既に土地は決まっていたが、そこはご主人の実家の敷地内。しかも、両親の住む母屋を残すという条件付き。庭の一角に用意された80㎡あまりの狭小変形地に、いかに快適な空間を確保するかが最大の課題だった。艱難辛苦の末に提案したのは、1階にLDKと水回り、2階には将来子ども部屋として使えるフリースペースと主寝室を配した2LDK。リビング部分はあえて片流れの半平屋にして吹き抜けのような解放感を演出。キッチンと上階のレベル差や仕切りを最小限に抑えたり、フリースペース上部に階下まで自然光が届く窓を設けたりと、1・2階に一体感を持たせる工夫も随所に。限られた敷地でも決して窮屈に感じさせない、実空間以上の広がりを感じさせる家が実現した。

設計上の障壁を建築的魅力に昇華

　狭小地住宅の他にも、自宅内に愛車ショールームを配した家、車いすでも安心して独り暮らしができる家、自宅併設のクリニックや店舗など、さまざまな個性ある建築を手掛け、設計上の障壁をも造形的魅力に変える提案に尽力してきた。その中で一貫して守り抜くのは、依頼主の要望にしっかり向き合うと同時に、建築的付加価値を探求すること。なぜなら依頼主にとっては、営みの拠点であると共に財産でもあるからだ。建築家には、ただモノづくりに臨むだけでなく、確かな価値を見出し生かす使命があると考えている。

内装には無垢のスギ板や珪藻土の塗り壁など自然素材をぜいたくに使用。梁や柱を露わにすることで、木の温もりをしっかりと感じられる空間に。

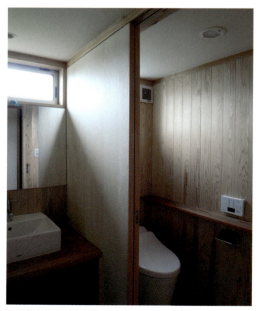
装飾的な設えは最小限に。空間に広がりが感じられるだけでなく、生活雑貨が配されても雑多な印象にならない。

南面高窓から降り注ぐ自然光は階下のキッチンへも。障子戸を開け放つと1階のLDKと一体感が生まれる。

合宿所を併設した木造2階建ての卓球道場。構造用合板をそのまま内壁に採用したり、一般住宅用の既製品を使用したりすることで徹底的にコストを抑制。

30代の夫婦が暮らす「小さくても広い家」。既存家屋を避けて建物を配置しなければならないという悪条件の中、採光と可変性のある間取りの工夫で快適性を確保した。

DATA
名称：小さくても広い家
所在地：岡山市南区中畦
構造・規模：木造2階建・80.40㎡
施工期間：2013年5月〜2013年8月

赤澤 輝彦（アカザワ・テルヒコ）

■生年／1952年2月12日
■主な仕事の実績
K歯科医院・住宅／T眼科医院・住宅／中納言町コーポラティブ住宅／ねや卓球道場　他
■受賞歴など
第22回岡山市優秀建築物 すまいポイント賞／平成21年度岡山市景観まちづくり賞／第18・第19回INAXデザインコンテスト テーマ賞　他

■まちづくりなど建築に関連した活動歴など
出石をどねぇんかする会／NPO法人 総社商店街筋の古民家を活用する会／森と住まい手と建築技術者の会
■所属団体
（公社）日本建築家協会／（一社）岡山県建築士会／新建築家技術者集団 岡山建築設計クラブ

Office DATA
事務所名／VANS 岡山事務所
代表者／赤澤輝彦
所在地／岡山市北区春日町9-1
電話／086-223-4737
ファクス／086-238-2260
ホームページ／http://www.h.do-up.com/home/vans/
E-mail／vans@h.do-up.com

「岡山県立大学同窓会館」内観。流通材と住宅用金物で9mスパンを架け渡した木造モノコック構造で、どこでも安価に大スパン構造の木質空間が可能であることを示した。「JIA中国建築大賞優秀賞」ほか

岡山県立大学デザイン学部岩本研究室
株式会社岩本弘光建築研究所

岩本 弘光

木造建築の新たな可能性を提示
教育者・研究者としても業界に貢献

　首都圏の大学で15年ほど非常勤講師を務めた後、2010年に岡山県立大学教授に着任。以来、設計活動を続けながら次代の育成に心血を注いできた。モットーは「教え」「学び」「設計」三位一体による成長と進化。「能力は情熱と研さんで養われる」と学生には一つの課題にも粘り強く取り組むよう指導。「背中を見せることも大切」と、自身の進化も忘れない。2013年竣工の『岡山県立大学同窓会館』では、"架構と建築空間""建築のサスティナビリティー"をテーマに、流通木材と在来木造工法による「木造モノコック構造」を考案。安価な材料を用いた大スパン構造を実現し、架構を意匠に活かした木造建築の新たな可能性を示した。

独自の視点でバワ建築を解説

　さらにもう一つ、氏がライフワークとして取り組んできたのがスリランカ人建築家ジェフリー・バワ研究だ。今でこそリゾート建築の巨匠として知られるバワだが、広く知られるようになったのはアジアンリゾートが世界的に人気を博しだしたここ数年のこと。15年ほど前、偶然目にしたバワ建築に衝撃を受けて関連書を探したが、当時発刊されていた書籍はたった1冊。しかも、英国人によって書かれたそれはバワをトロピカル建築家と称するに終始。バワ建築の根底に自然や文化への畏敬を見出していた氏にとって、どこか違和感のぬぐえない論評でもあった。そのため氏は自らバワの故郷を旅して作品を訪ね歩き、2016年、その研究成果を『解読　ジェフリー・バワの建築　スリランカの「アニミズム・モダン」』として発表。バワ建築の魅力の根源に、モンスーンや仏教をはじめとするスリランカの風土性があることを論説した。「建築であれ何であれ、根源性を備えたものには時を経ても失われない美しさが宿ります」。

　バワのような名建築家になり得る学生は？と問うと「いますよ」と即答。日本建築学会主催の全国コンクール「建築新人戦」で4年連続入賞する成績を残しており、「今後も教え、学び、設計を重ねながら、豊かな建築教育に努めたい」と建築文化と地域社会への貢献にさらなる意欲をにじませた。

施工中の様子。フレームの部材はすべて備中ヒノキ材150×150の流通材を使用。

木造モノコックによって、建物全体が宙に浮いたように見える。外壁はメンテナンスフリーのコルテン鋼を採用。

2016年1月に出版された著書『解読 ジェフリー・バワの建築 スリランカの「アニミズム・モダン」』(彰国社)

DATA
名称:岡山県立大学同窓会館
所在地:岡山県総社市窪木111
構造・規模:木造モノコック構造、2階建て
施工期間:2012年5月～2013年3月

社員教育用に設計された「静岡ガス研修センター」は、自然エネルギーを活用した鉄骨造のサスティナブル建築。国の省エネルギーパイロットプランとして、NEDO平成14年度住宅・建築物高効率エネルギーシステム導入促進事業に採択された。「日本建築学会作品選集」「グッドデザイン賞」ほか

建物を両側から挟み込む「アタッチド・フレーム(特許出願)」による耐震改修手法を採用した「太田市休泊小学校校舎」。増床や窓の開閉を確保して、ブレース工法の脆弱性を克服した。「BELCA賞」ほか

岩本 弘光 (イワモト・ヒロミツ)

■生年／1954年

■主な仕事の実績
岡山県立大学同窓会館／静岡ガス研修センター／太田市休泊小学校／静岡八幡サービスステーション／casa100／富士山荘　他

■受賞歴など
日本建築学会作品選集／JIA中国建築大賞優秀賞／グッドデザイン賞／中部建築賞優秀賞／BELCA賞／環境・設備デザイン賞　他

■まちづくりなど建築に関連した活動歴など
茨城県茨城町主催「古民家再生プロジェクト」／群馬県太田市主催シンポジウム「これからの学校建築について」／岡山県真庭市主催まちづくりセミナー「10年後の景観を考える」／岡山県備中県民局主催シンポジウム「木造建築のこれからを考える」／林野庁主催シンポジウム「まちと森林をつなぐ木づかい全国キャラバン」他多数

■所属団体
(公社)日本建築家協会／(一社)日本建築学会

汎用住宅のケーススタディ・ハウスとして提案した「casa100」では、在来木造工法による6間スパンの無柱空間を実現してライフスタイルの変化に追従する住まいを計画。リビングの全面開口の建具を開放すると、内庭と外庭が一体化。「グッドデザイン賞」ほか

Office DATA
事務所名／株式会社岩本弘光建築研究所
代表者／岩本弘光
所在地／東京都品川区西五反田7-5-7
電話／03-6421-7755
ファクス／03-6421-7756
ホームページ／http://www.iwmt.jp/
E-mail／iwmt@iwmt.jp

ノートルダム清心女子大学
上田 恭嗣

地方における素晴らしい建築家の発掘・評価と、地域に根差した建物の評価・再発見

「備中足守歴史的町並み保存地区」のプロジェクトをはじめ、建築家として多くの建築を手掛け、現在は大学で教鞭を執る上田さん。建築史研究や執筆活動なども精力的に行っている。研究テーマに掲げる一人、稀有な才能に恵まれながらも時代の波に翻弄され、歴史の闇に埋もれた建築家「薬師寺主計(やくしじかずえ)」の偉業の一端をご紹介いただいた。

岡山が生んだ「天皇に選ばれた建築家薬師寺主計」

薬師寺主計(1844～1965)は、現在の岡山県総社市生まれ。東京帝国大学工科大学建築学科を卒業後、国家の求めに応じ、当時では異色の陸軍省建築技師として入省。陸軍省の建築分野でトップの地位まで上り詰めた人物だ。関東大震災では壊滅した陸軍施設の復興に統括責任者として活躍し、陸軍省で初めて勅任技師―天皇の建築技師―の称号を与えられた。その後、倉敷の実業家大原孫三郎の懇願により、岡山・倉敷を中心とする建築設計活動を行い、倉敷絹織株式会社本社工場(現：クラレ)を作り上げた。日本最初の近代工場の建築家でもある。この工場は、当時では考えられない程の人間尊重を基本とした人格主義的・人道主義的施設群の設計を行っている。

日本最初の完璧なアール・デコ様式による第一合同銀行本店(中国銀行旧本店)、美観地区の中心にある大原美術館・有隣荘大原孫三郎邸、今橋など、多くの近代建築の設計を行った。そして、世界遺産に登録された国立西洋美術館(東京都台東区)を設計した「ル・コルビュジエ(1887～1965)」を、日本人建築家として初めてパリにあった彼のアトリエを訪ね、日本の建築雑誌に紹介した人物である。

誰も知らない真実を見つけ出したい。だから研究する

上田さんは、「建築の歴史を研究することの面白さは、誰も知らなかったことを明らかにする楽しさにある。時には、発掘し探し得たものに食い違いがあるかもしれないが、それでも可能な限り調べ上げたものを、後世のために書きとどめ伝える必要がある」と語ってくれた。

上田さんが最近手掛けた作品の中には、見晴しの良い高台に建つ住宅がある。敷地条件を考慮し、冬は南面からの採光を取り入れ暖かく、夏は背後の山風を受け涼しく過ごせるようにと、可能な限り自然を享受できる設計にこだわった。「昼だけでなく、夜の表情も考えて外観に特長を持たせた」との考えを伺った。

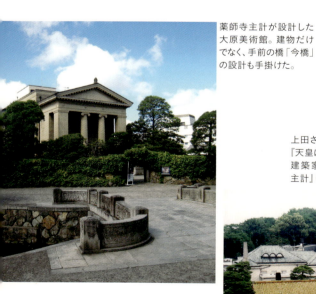

薬師寺主計が設計した大原美術館。建物だけでなく、手前の橋「今橋」の設計も手掛けた。

上田さんの近著『天皇に選ばれた建築家 薬師寺主計』(柏書房)

有隣荘と第一合同銀行倉敷支店(前：中国銀行倉敷本町出張所)

空間を広く演出する吹き抜けのリビング。2階の廊下からはリビングの様子が伺え、親子の触れ合いを重視した作り。床はもちろん、高い位置まで腰板を張り、木の温かみを感じられる内装にこだわった。

周りの自然との調和を考慮し、外観にも木材をふんだんに使用。シーンに合わせて楽しめるように1階にも2階にも室内に連なる広いデッキを設けた。

格子状に漏れる家の明かりが印象的な「住まいの夜の顔」。2階の可動式の格子戸は、外観の美しさだけでなく、洗濯物を隠す役割も兼ね備えている。

家族の楽しい食事空間を念頭に設計したダイニングルーム。南に面した大きな窓から冬でも明るい陽射しが降り注ぐ。

DATA
名称：「浴陽流風」の家
所在地：岡山市中区門田文化町
構造・規模：木造、延床面積157.7㎡
施工期間：2012年9月～2013年2月

上田 恭嗣（ウエダ・ヤスツグ）

■生年／1951年5月29日

■主な仕事の実績
「住まいに関する教育」と「岡山における近代建築の研究」

■受賞歴など
日本建築士会連合会会長表彰
建設事業関係（まちづくり分野）岡山県知事表彰
全国建築審査会協議会会長表彰

■まちづくりなど建築に関連した活動歴など
岡山市足守地区における歴史的町並み保存事業の実施／岡山市役所筋・県庁通りの街並み整備指針の策定／岡山市文化シンボルゾーン内の街並み整備指針の策定／岡山市西川緑道公園沿いの街並み整備指針の策定／高梁市駅前地区の景観整備基準の策定／倉敷市伝統的建造物群等保存地区内の建物等の審査

■所属団体
（一社）日本建築学会 岡山支所長／（公社）日本建築家協会／建築史学会／都市史学会／都市住宅学会 中四国支部評議員／岡山市景観審議会会長／高梁市景観審議会会長／総社市建築審査会会長／倉敷市伝統的造物群保存審議会委員など

Office DATA
事務所名／ノートルダム清心女子大学人間生活学部人間生活学科
代表者／学長 髙木孝子
所在地／岡山市北区伊福町2-16-9
電話／086-252-1155
ファクス／086-252-5344
ホームページ／http://www.ndsu.ac.jp/
E-mail／ueda@post.ndsu.ac.jp

有限会社宇川建築計画事務所

宇川 民夫

木にこだわった自然素材の家づくりで、健康的で安全な暮らしを。

　全国でも有数の木材生産地として評価の高い岡山県で県下の製材所と連携し、木を生かした家づくりの実現を目指す宇川さんは、自然素材が持つ可能性を次のように話す。「木のやさしさは、人に温もりや癒やしを与えてくれます。さらに、調湿作用、殺菌作用、ぜん息や皮膚炎などに効果があるとされており、健康的な暮らしを手に入れることもできます。また、地域の木を使うことで森林の手入れができるようになり、環境保全にもつながります」。

　香川県で手掛けた「杉の家 ぐるんぐるん」では、床と天井を硬めに加工した杉材、壁は調湿効果のある珪藻土を使用。柱が見える伝統的な工法を使いながら、自然素材を美しく生かした個性的な建築で、楽しく夢のある暮らしを実現した。家の中心には吹き抜けを設け、子供部屋の扉も壁収納にすることで、家中どこにいても風や陽、家族を感じられる開放的な空間が生まれた。また、1階リビングから2階子供部屋にかけて梯子を設置。梯子には、遊具に使われる枝付きの木材を使用することもあるそうで、デザイン性に遊び心を加えた演出を欠かさない。森から切り出した生きた木は、細くても頑丈で、はしごには適しているという。施主の「暖炉を」という要望には薪ストーブを採用。1、2階が吹き抜けによって一体化した室内には、薪ストーブ1台でも充分な温かさが行き渡る。

　建物中央から突き出したような玄関部分の外壁には、日曜大工が好きな施主が自分でメンテナンスできるよう木材を配し、デザイン的にもインパクトのある外観となった。さらに、屋上には2階の部屋につながるテラスを設けて、1階のテラスから外階段で昇ることができ、家の中も外も回遊性を高めた設計となっている。

安心して過ごせる、理想の生き方を提案

　最近では、高度な耐震性能、素材にデザインのほか、住まいの断熱性や省エネ性能をあげ、太陽光発電などでエネルギーをつくることにより年間の消費エネルギー量の収支をプラスマイナス「ゼロ」にする「ZEH」など、建築にさまざまな用件が付随するようになった。その中で何を重視した建築にするのか。宇川さんは、施主の意向に沿って時代に合った安全で健康的な暮らしを提案する。「住まいづくりは一生のうちでも素晴らしく感動的な出来事です。建築する場所の環境を生かし、光や風、自然素材、地域の木材を生かして建てること。そして、家族が生き生きと健康的に暮らすことができ、末永く誇りが持てると同時に、その人らしく個性的な住宅であるべきだと思います」と話す宇川さん。施主とともに、理想の暮らし、生き方を実現する建築を生み出している。

暖炉のある開放的なリビング。床と天井には杉板を使用。壁面の梯子を使って2階の子供部屋へアクセスできる。

2階の中心にある吹き抜けのホール。家の中と外、1階と2階、部屋と部屋がぐるぐるとつながった回遊性の高い設計に。

DATA
名称：杉板の家 ぐるんぐるん
所在地：香川県さぬき市
構造・面積：木造2階建て　延床面積128.96㎡
施工期間：平成19年11月～平成20年4月

ウッドデッキから2階に登ることができるモダンな木の家。

玄関ホールでは、フローリングに岡山の松を使用。

新和風の家

宇川民夫（ウガワ・タミオ）

■生年／1950年玉野市生まれ
■主な仕事の実績
備中足守まちなみ館／岡山備前焼工房／足守の家／切妻の家／南欧風の家／家族を感じる家／香川の家／方流れの家／コの字の家／蕎麦屋水仙／囲炉裏茶屋／居樹歯科医院／岡眼科医院／末広耳鼻咽喉科医院

■受賞歴など
岡山県主催木造公営住宅設計競技優秀賞／備中足守まちなみ館＝岡山市優秀建築物賞／岡山備前焼工房＝岡山市まちづくり賞／顔の見える木材での家づくり30選

■まちづくりなど建築に関連した活動歴など
1991年岡山市足守地区の保存型まちづくり
NPOまちづくり推進機構岡山にて
2006〜2007年コーポラティブ住宅の研究・企画

■所属団体
（公社）日本建築家協会／（一社）岡山県建築士会／（一社）岡山県建築士事務所協会／岡山建築設計クラブ／住まいづくりの会／NPO法人まちづくり推進機構岡山／おかやま緑のネットワーク

Office DATA

事務所名／有限会社宇川建築計画事務所
代表者／宇川民夫
所在地／岡山市南区豊成3-17-24
電話／086-265-9333
ファクス／086-265-9334
ホームページ／http://www.ugawa-archi.com/　http://ww3.tiki.ne.jp/~ugawa/
E-mail／ugawa@mx3.tiki.ne.jp

何層ものアーチが覆い、リズミカルな表情を見せる。日光を取り入れ、明るいアプローチ。

株式会社ADO(エーディーオー)建築設計事務所
大石 雅弘

未来ある若者への指導に尽力し、岡山の建築業界を牽引する建築家

　岡山市北区の一角に事務所を構え、副社長として25人の所員を束ねる大石さんは、さまざまな物件の意匠を受け持つ傍ら、後進の育成にも意欲的に取り組んでいる。「"人の成長には経験を積ませることが大切"だと考え、若い建築家に施主との打ち合わせから監理まで一貫して任せています。一から十までしっかり関わることで技術や流れ、トラブル時の対処法などを学べますからね。CADを使えば何でもできる現代だからこそ、建築を理解していなければ危険だということにも気付いてもらえるよう指導を重ねています」。

　そんな大石さんに、今後の建築業界について尋ねてみたところ、「私が建築家になった頃と今では、建築業界はすごいスピードで変化している」と開口一番。「例えば、技術の進歩。技術が優れることは良いと思う反面、職人へ師事せずとも簡単にモノが作れるようになってしまったことで粗悪なものが増えるのではないかという懸念もあります。大工や左官などのあらゆる技術を持った"本物の職人"が減るだけでなく、今後ますますIT化が進めば、人工知能が参入したり、建築を学んでいない人が設計するかもしれない。そうなった時に私たち建築家はどうすべきなのか。未来を見据え、みんなでその答えを見つけなければならないでしょう。本当に大変な時代になりましたね」と苦笑い。

"建物が人に与える影響"を熟知した意匠

　官公庁や病院などの"大物"から、飲食店や住宅などの個人規模の物件まで、さまざまな案件に係わりながら、国・県が勧める「CLT」についての勉強にも取り組むと

ピュアリティまきび＝外観

十分な採光を可能にした、一面ガラス張りのエントランス。

駐車場から続くアーチ状の意匠で、エントランスへと誘導。壁を取りガラス面とし開放感を実現。

ピュアリティまきび＝明かりが灯されたアプローチ

DATA
名称：ピュアリティまきび（公立学校共済組合岡山宿泊所）
所在地：岡山県岡山市北区下石井
構造・規模：鉄筋コンクリート造5階建て、延床面積7869㎡
施工：2015年2月～10月

いう多忙な日々の中で手がけたのが、「ピュアリティまきび」の耐震改修計画だ。「ロビー機能を充実したい」という依頼主の要望に対し、大石さんはエントランスの壁を取り除き、ガラス張りにする計画を提案。さまざまな人が集まる"ホテル"という空間だからこそ、明るさは非常に重要なのである。また、壁で覆われた入り口を一面ガラス張りに変えることで中の様子が窺えるようになり、閉鎖的なイメージが払拭され、オープンな印象を与えるよう取り計らった。

「建築は美しい空間、居心地のいい空間を創造することに尽きます。この計画のように、建物に少し変化を加えるだけで、空間はもとより人の意識までも変えることができる。建築にはそんな力が秘められていると思っています」。

大石 雅弘（オオイシ・マサヒロ）

■生年／1952年兵庫県生まれ

■主な仕事の実績
パナグランデ岡山／温浴施設「新めぐみ荘」／大石邸／野口医院／こばやし歯科医院・小林内科医院／平山医院／グループホーム福治の里／岡山信用保証協会耐震改修／養護老人ホーム楽々園 他

■受賞歴など
(一社)日本建築士事務所協会連合会作品賞奨励賞／岡山市まちづくり賞

■まちづくりなど建築に関連した活動歴など
チーム25／西川フリーマーケット／岡山市築城400周年事業審議会

■所属団体
(公社)日本建築家協会／(一社)岡山県建築士会／(一社)岡山県建築士事務所協会／岡山建築設計クラブ

Office DATA
事務所名／株式会社ADO建築設計事務所
所在地／岡山市北区西古松西町5-6
電話／086-244-0173
ファクス／086-244-0509
ホームページ／http://www.ado-sekkei.co.jp/
E-mail／ado-isyoo@ado-sekkei.co.jp

大山の小屋。ランダムに張った幅違いの杉板の間から柔らかな光が漏れる。

大角雄三設計室
大角 雄三

地方発の豊かな価値観を、建築の仕事を通じて発信し続けて行きたい

自然と一体化した家を目指して、「雨戸」と「縁側」を現代風にリ・デザイン

"重ね着する家"。大角さんがそう表現する「大山の小屋」は、季節の変化に合わせて人が衣類を脱ぎ着して温度の変化に対応するように、""季節や時間帯に合わせて、快適な環境に調節できる家"を作れないだろうか」、という思いから生まれた木造住宅だ。建物の周囲をすっぽりと覆うように可動式の外壁を設け、室内空間と可動式外壁の間を広い縁側でつないだ二重構造になっている。夏は、上着を脱ぐように建具を全て開放すると、内側と外側の境界が曖昧になり自然と一体化したような開放感と清涼感に包まれる。冬は、上着を羽織るように閉め切れば、外気だけでなく冷たい風の音も防いでくれ、暖かな光のみを通してくれる。まさに"重ね着感覚の家"だ。部屋の温度調節を機械にのみ頼るのではなく、豊かな自然を享受しながら、快適に過ごせる新しい木造住宅のスタイルを造り上げた。機能面だけでなく、もちろん、デザイン面にも工夫を凝らしている。外壁は杉板とガラスを組み合わせて極限までガラスの存在感を消し去り、周囲の木立に溶け込む柔らかな印象の外観にこだわった。快適な住環境にいながらも、美しい自然を肌で感じられる住宅に仕上がった。

家族と共に家の成長を見守っていく喜びがある

倉敷美観地区の玄関口に建つ、(株)廣榮堂本店・倉敷雄鶏店や浅口市のおかやま山陽高校記念館をはじめ、県内外で多くの店舗や公共作品を手掛け、数々の賞を受賞する大角さんが一番魅力を感じるのは、やはり住宅設計

自然に包まれたような室内。深呼吸したくなる空間だ。

DATA
名称：大山の小屋
所在地：鳥取県西迫郡伯耆町
構造・規模：木造2階建、建築面積74.74㎡、延床面積149.49㎡
施工期間：2009年1月〜2009年10月

だと言う。「住む人と共に住宅も歳を重ね、家族の変化に伴い家の姿も変化していく。その成長の過程を見守りながら、施主さんと長く付き合えるのも住宅設計の魅力です。自分が若い頃に設計した家の再生を手掛けた時は、建築家としての幸せを感じました。施主さんの希望を最大限に汲み取りながら、設計者がその夢をさらに大きく膨らませることで、想像を超えた楽しさや快適さ、美しさに出会える。そういう家を、これから先も造り続けていきたいです」と柔和な笑顔を浮かべる。

大角さんは、今では広く認知される古民家再生の先駆者でもある。斬新かつ魅惑的な発想の源は、数多く見てきた古民家にあるのだろう。「長い年月を経てもなお使い続けていきたい、と思われる建築物を作っていきたい」と、どこまでも意欲的だ。

大角 雄三（オオスミ・ユウゾウ）

■生年／1949年8月25日
■主な仕事の実績
門前の家
大山の小屋
(株)廣榮堂本店倉敷雄鶏店　刻の美術館
おかやま山陽高校80・90周年記念館
登録文化財信岡家住宅（信岡フラットミュージアム）

■受賞歴など
1999年 日本建築学会業績賞（古民家再生工房）／2000年 第1回JIA環境建築賞最優秀賞（黒谷の家）／2012年 第4回JIA中国建築大賞一般建築部門優秀賞（おかやま山陽高校記念館）／2013年 第5回サステナブル住宅賞 国土交通大臣賞（芝山町の家）／2015年 日本建築学会作品選奨（大山の小屋）

■まちづくりなど建築に関連した活動歴など
古民家再生工房メンバー／「古民家を簡単に壊さないで」というアピール活動を行い、古くて新しい、豊かな空間造りを提案している

■所属団体
(公社)日本建築家協会／(一社)日本建築学会

Office DATA
事務所名／大角雄三設計室
代表者／大角雄三
所在地／岡山市北区門前16-1
電話／086-287-5037
ファクス／086-287-6858
ホームページ／http://ww9.tiki.ne.jp/~o-sumi/
E-mail／o-sumi@mx9.tiki.ne.jp

優しい印象を与える丸窓を配した外観。「窓から差し込む光が何ともいえず好きなの」と、施主にも喜ばれているそう。アプローチにも庭をつくり、訪れる人の心を惹きつけている。

アトリエ珠 一級建築士事務所
大瀧 珠乃

日々の暮らしをより豊かに、穏やかに
「庭」のある家づくりを提案

住まう人の思いと暮らし方を反映

　女性ならではの視点や感性を生かし、一級建築士として活躍する大瀧さん。幼い頃からの夢をかなえるために、社会人として働いていた30歳のときに奮起し、県内にある専門学校の建築学科夜間部へ再進学。卒業後は倉敷市にある「㈱暁建築設計事務所」にて約10年キャリアを重ね、2005年に独立を果たした。近年は、人気テレビ番組「大改造!! 劇的ビフォーアフター」に匠として2度参加し、問題の山積みだった物件を見事に生まれ変わらせた。その影響もあってか、現在では一般住宅や共同住宅のリフォームの依頼が数多く舞い込んでいるという。

　家づくりで大切にしているのは、「小さくても庭をつくり、暮らしを豊かにすること」。その理由を、「夏は枝葉が木陰をつくって日差しを遮り、冬になると落葉した木々の間から暖かな日差しが室内に入ります。日々の暮らしのなかに四季の景観を取り込むことで、そこに暮らす人の気持ちを豊かに、穏やかにできるから」と話す。

　家づくりにかける熱い思いと、「いつも庭を感じて生活したい」という施主の願いを反映させたのが、この「三つの庭のある家」だ。住まいの中心に落葉樹を配した中庭を設け、浴室にはくつろぎの時間をもたらす坪庭を、アプローチにも街並みによく合う庭をしつらえた。室内には上質な無垢材を随所にあしらうことで、より味わいの深い、愛着を生む住まいとなっている。

　家づくりにあたって、施主とその家族は、「すまいづくりmemo（新築）」または「リフォームmemo」へ住まいへの思いを綴ることから始める。それぞれの思いや暮らし方を反映させた、納得のいく家づくりには欠かせな

玄関とは別に設けた中庭へ続くドア。天気のよい日は、ドアの格子の間からやわらかな陽光が差し込み、その陰影が美しい。

すべての居室から眺めることのできる中庭。「日々、家族のために忙しく働いている奥様が、ひとりの時間もくつろいでもらえるように」との大瀧さんの思いが込められている。

DATA
名称：三つの庭のある家
所在地：岡山県倉敷市
構造・規模：木造2階建て、延床面積154.70㎡
竣工：2008年8月

にいや内科クリニック＝岡山県岡山市北区。外観は病院に必要とされる威厳や信頼感を演出。院内は天然木や間接照明を取り入れた心地よい雰囲気で、大きな窓からは視線を遮りながら美しい景色が臨めるつくりに。

S邸＝岡山県笠岡市。人気テレビ番組「大改造!! 劇的ビフォーアフター」で匠として参加した「床下に川が流れる家」。築113年の木造2階建ての住まいをリフォームするにあたり、昔ながらの工法を用いた快適に暮らせる空間づくりと景観になじむ和風の外観が魅力。

い作業なのだとか。「新築ではどのようなライフスタイルや団らんを望んでいるのか。リフォームであれば今の家の好きなところや不便なところを共有し合い、たとえ相反する意見でもその家族にとっての最適を見つけだすことができるのです」。

永く住み継げる家をつくる

大瀧さんの考える家とは、「家族とともに時を経ていくもの。だからこそ、財産となるような価値ある家を建てるべきだと考えています。一代ごとに家を建てるのではなく、リフォームしながら永く住み継いでいける、住まう町全体の印象もよくなるような家をつくっていきたいですね」。これからも施主の気持ちに寄り添い、ともに育むことのできる価値ある家づくりにまい進していく。

大瀧 珠乃（オオタキ・シノ）

■生年／1962年岡山市生まれ
■主な仕事の実績
にいや内科クリニック／シェアハウス秀天橋／オール薬局／住宅—新築・リフォーム
■受賞歴など
第10回木材活用コンクール インテリア・家具部門／第5回UDたてものコンテスト 優秀賞
■所属団体
（公社）日本建築家協会／（一社）岡山県建築士会／（一社）岡山県建築士事務所協会

Office DATA
事務所名／アトリエ珠 一級建築士事務所
代表者／大瀧 珠乃
所在地／岡山市中区国富1-1-15　メゾン操山108号
電話／086-237-0087
ファクス／086-237-1773
ホームページ／http://a-tama.jp/
E-mail／office@a-tama.jp

「空庭」と名付けた屋上スペース。30年は持つといわれる特殊加工を施したデッキ材を使用。

株式会社ケンチックス

織田 博充

クラフト感を感じられる建築にこだわって、ライフスタイルをトータルで提案。

　岡山市の中心市街地からほど近い国道に面した場所にあるアトリエ併設住宅。こちらの建築を手がけた織田さんは、「国道が走る西側以外の三方に建物が迫って建っているため、車や通行者以外にも隣地の住戸との間で不快な視線の交錯がおこることは想像に難くありませんでした。そこで、プライバシーを保ちつつ通風・採光が確保できるコートハウスが適しているのではないかと考え、建物の中心に吹き抜けの中庭を設けて、木や花でオアシスをイメージした空間を作りました」と話す。さらに1階のアトリエは、床や窓の高さを上げることで外部からの視線を外す工夫を施した。また、それによりできた約20帖の床下の空間を収納スペースとして活用している。

　2階の生活スペースには無垢材をふんだんに使い、床や天井はもちろん、木製のサッシや家具、インテリアにいたるまで、クラフト感を出すことにこだわった。

　さらにリビングの先には、織田さんが「空庭」と名付けた屋上スペースが続く。外壁を操作し、プライベート空間として生まれた「空庭」は、キッチンやリビング、子供部屋のどこからでも出入りができるつくりとなっており、第2のリビングとして暮らしに開放感と豊かさをもたらした。冬にはきれいな星空を眺め、春にはテーブルを持ち出してやさしい陽の光や風を感じながら食事を楽しむなど、豊かな空間と穏やかな時の流れが感じられる建築となった。

　「建築はある意味、衣服と同じ。いいモノに身を包むと、気分も高まります。今後は建物だけでなく家具や照明、食器など生活をとりまくアイテム、ライフスタイルまでトータルでプロデュースしていきたいと考えています」。

中庭側の外壁に焼き杉を使用することで、和を感じる空間に。

「空庭」とつながる開放的なリビング。

北の角を頂点に勾配を付けたスタイリッシュなデザインに。素材からくる温かさが感じられる。

DATA
名称：空とツナガル（アトリエ併設住宅）
所有地：岡山市中区門田屋敷1-5-1
構造・面積：木造在来工法2階建て　延床面積188.52㎡
施工期間：平成27年5月～平成27年12月

鳥取県米子市の眼科クリニック。検査室や手術室は光を遮断、診察室や待合室は明るく開放的で入りやすい印象に。

まっすぐな思いと経験を受け継ぐ

　子どもの頃から、物づくりに興味があった織田さん。17歳のとき高松伸氏の建築に衝撃を受け、建築家を目指すこととなる。大学を卒業後は、迷うことなく「高松伸建築設計事務所」の門を叩き、そこで7年ほど経験を積んだ。「私は何事も長続きしないタイプなのですが、まっすぐに歩み続けることができる唯一のこと、それが建築だったんです。そして、師の元で学んだことのひとつである『その場所のみ存在する建築を』という教えを今でも念頭に置きながら設計しています」と織田さんは話す。また、「今後、建築家を目指す若者が増えてくれれば」との思いも持っており、時代の流れに合わせて働きやすい職場の環境づくりにも取り組んでいる。自身の新たな挑戦と、さらに若い世代の育成が期待される。

織田 博充（オダ・ヒロミツ）
■生年／1971年1月23日
■主な仕事の実績
住宅、店舗、医療施設など
■まちづくりなど建築に関連した活動歴など
建築家のしごと展
■所属団体
（公社）日本建築家協会
（公社）岡山県建築士会

Office DATA
事務所名／株式会社ケンチックス
代表者／織田博充
所在地／岡山市中区門田屋敷1-5-1
電話／086-239-0036
ファクス／086-239-0037
ホームページ／http://www.kentix.jp
E-mail／info@kentix.jp

上山の家＝リビングスペース。室内と外を結ぶ奥行き2.5〜4mのデッキ越しに、山々の風景が一面に見渡せる。デッキの鉄柱は細く軽快さを出し木とのコントラストを演出。室内からの視界を遮らないよう配置にも工夫されている。

神家昭雄建築研究室

神家 昭雄

普通であることの豊かさや質を追求し人の心に寄り添う住まいを創り続ける

　山林に囲まれた傾斜地に建つ平屋造りの邸宅。東の斜面は谷に向かって開け、山間部の緑溢れる風景が、遮るものなく目の前に広がる。その恵まれた環境を最大限に生かした「上山の家」を設計したのが、古民家再生工房のメンバーであり、住宅建築を数多く手掛ける神家さんだ。建築構造は至ってシンプル。軒を低めに落とした切妻屋根に、敷地の限られた傾斜地に沿う「くの字型」の平面構成。最も眺めの良い北側に玄関とLDKを設け、居間とデッキを繋ぐ9m50cmの大開口の窓からはパノラマサイズの借景が楽しめる。自然の中に建築が溶け込み、また住まいの中にも自然が息づく一体感こそが、開放的で心地よい暮らしを実現している。

　「ここには何度も足を運び、実際の場所に立って空間のイメージを創り上げていきました。私が設計において大切にしているテーマの一つが、"土地の声を聞く"ということ。声とは、土地の状態や眺めはもちろん、そこに吹く風や差し込む光と影、時間の移ろいによって刻々と変わる情景や空気感といった、土地が持つ"特性"を感じることです。その上でどの場所にどの部屋を作るのか、そこに住む人はどんな暮らしを望み、どんな想いを持つのかを考えて、意匠に落とし込みます」。こうした感覚的な部分の捉え方が、神家さんの建築の軸になるという。

普通の建築という、もう一つの前線

　施主の求めるリゾート的な心地良さを表現した「上山の家」。周囲の風景に対する抜群の開放性と伸びやかな構え、室内に用いた木の風合いが印象的だ。屋根の傾斜や梁、低い軒の平屋造りは伝統的な日本建築を彷彿とさせ、

上山の家＝リビングスペース。屋根の傾斜を生かした天井、幅9m50cmの大開口の窓が広がりを生むLDK。登り梁の直線が外に向かってまっすぐ伸び、美しい風景へ視線を誘う。台所周りの家具や照明器具、テーブルも神家さんが設計している。

DATA

名称：上山の家
所在地：岡山県美作市
構造・規模：木造平屋建、延床面積158.79㎡
施工期間：2013年10月〜2014年7月
撮影：笹の倉舎／笹倉洋平

洗練されていながらどこか昔懐かしい安心感を与えてくれる。そこには、神家さんの目指す建築への美学が込められている。

「設計において、日本建築の優れた美意識や考え方を現代に調和するよう解釈し、アレンジしています。私が求めるのは、普通でありながら美しく、味わい深さを持ち、人に静かな感動を与える建築。"普通"とは決して平凡という意味ではなく、日常に相応しい普遍的な良さということ。住宅は人間の生活の器であり、世代を越えて人と密接に関わる大切な場所です。だからこそ、長い間変わることのない本質の豊かさを持ち、人の気持ちに寄り添う住宅建築を目指しています。アバンギャルドな現代建築の最前線があるとすれば、私は普通の価値を突き詰めた、もう一つの前線にこだわり続けたいです」。

神家 昭雄（カミヤ・アキオ）

■生年／1953年8月8日

■受賞歴など
1998年「明石の家」日本建築学会作品選奨、BELCA賞／1999年「古民家再生工房の継続的な活動」日本建築学会賞業績賞／2002年「MTT」グッドデザイン賞／2009年「岡山の家」第1回JIA中国建築大賞住宅部門大賞／2010年「谷万成の家」第11回JIA環境建築賞住宅部門優秀賞／2012年「今の家」第8回日本建築学会 中国建築文化賞／2014年「カイヅカイブキの家」第1回吉田桂二賞／2015年「上山の家」第7回JIA中国建築大賞住宅部門優秀賞 他

■まちづくりなど建築に関連した活動歴など
古民家再生工房／武庫川女子大学非常勤講師／国立明石工業高等専門学校非常勤講師

■所属団体
（公社）日本建築家協会／（一社）日本建築学会／（公社）日本建築士会連合会

Office DATA

事務所名／神家昭雄建築研究室
代表者／神家昭雄
所在地／岡山市南区あけぼの町19-6
電話／086-264-6480
ファクス／086-262-6126
ホームページ／http://ww3.tiki.ne.jp/~kamiya-akio/
E-mail／kamiya-akio@mx3.tiki.ne.jp

久世二郎建築研究室
神田 二郎

日本人ならではの和の感性を生かした、レンガづくりの建物の魅力を広めたい

コンクリート×レンガの魅力

　創立100年余の歴史と伝統を誇る「岡山商科大学附属高等学校」敷地内に建つ、地上4階建ての新しい教室棟。西面に凹凸をつけた個性的なデザインに加え、無機質なコンクリートと重厚感漂うレンガの美しいコントラストが、国道53号線を行き交う人々の目を引きつけている。

　こちらの建物を手掛けた建築家・神田さんは「クールな印象の鉄筋コンクリート造の校舎に温もりのあるレンガや木材を随所に取り入れることで、学生が落ち着いてしっかりと学べる環境を整備すると共に、経年深化による味わいを加味しました。また、教室棟の中心に広大な中庭を造り、各教室から四季折々に変化する景色を自由に眺められるように工夫を凝らしました」と話す。さらに、各階に風の通り道を設けたり、中庭の渡り廊下を通って教室棟へ移動できるようにするなど、内外の境界を曖昧に仕上げた点も特徴となっている。

　幼い頃から物づくりに関心があったことから、建築家の道を志したという神田さん。大学の建築学科を卒業後、工務店、設計事務所で12年のキャリアを積み、1990年に「久世二郎建築研究室」を開設した。そして、近年は、住宅や店舗などに県内産の耐火レンガを使用した建物づくりに情熱を傾けているという。

100年、200年先まで残せる建物を

　神田さんとレンガとの出合いは、1981年頃の工務店勤務時代にまでさかのぼる。備前市にある耐火煉瓦工場のトンネルキルン建て替え工事にかかわった際、錆びた鉄骨と古びたレンガのコントラストに心を奪われたという。「独特の色味や重厚感、温かみといった景観性はもちろんのこと、レンガを積んで造る建物は耐久性や耐震性、断熱・保温性に優れるなどさまざまな魅力にあふれている」と神田さん。設計で心がけていることは、「その地域の気候風土や周囲の建物・環境を熟知したうえで、地元に根づいた物づくりをし、100年、200年先まで残せる建物を目指したい。そして、日本人ならではの和の感覚を生かし、県内産のさまざまなレンガを使った建物づくりに残りの人生をかけてやってみたい」。その胸に秘めた熱い思いがひしひしと伝わってくるようだ。

足元はレンガタイルを敷き、壁面には通気性を確保するために穴開きレンガを積んでいる。シックで落ち着きのある色合いは木々の緑を引き立ててくれる。

北面から臨む中庭の景色。中庭に面した各教室は陽光が降り注ぐ明るい雰囲気に。また、建物の中を風が循環するよう設計されている。

強烈な西日を遮るよう、緻密に計算された独特のデザイン。外観には大型レンガタイルと穴開きレンガの2種類を使用し、印象的に仕上げている。

南から中庭を眺める。木々の間に空中ブリッジが見渡せる。

広瀬町の住宅＝岡山県岡山市北区、延床面積488.44㎡。築100年の住宅を約2年かけて建て替え。解体時に出た延べ石をアプローチ部分に再利用し、レンガタイルや無垢材などを存分に取り入れた上質な住まいに生まれ変わらせた。

DATA
名称／岡山商科大学附属高等学校教室棟
所在地／岡山市北区南方
構造・規模／鉄筋コンクリート造4階建て、延床面積5876.32㎡
施工期間／2014年9月～2015年11月

神田 二郎（カンダ・ジロウ）
■生年／1952年岡山市生まれ
■主な仕事の実績
岡山商科大学附属高等学校教室棟
岡山商科大学学生寮Ⅰ／Ⅱ／Ⅲ
広瀬町の家
吉備高原の山荘
日生フェリー乗り場前の家
煉瓦建築10棟（住宅・店舗・集会所等）

■まちづくりなど建築に関連した活動歴など
備前吉永レンガ広場
早島町・汐入公園集会施設
長船町・回廊市場公園計画

■所属団体
（公社）日本建築家協会
（一社）岡山県建築士事務所協会
アーキ・ダブル

Office DATA
事務所名／久世二郎建築研究室
代表者／神田二郎
所在地／岡山市北区楢津2751-1
電話／086-284-7779
ファクス／086-284-7779
ホームページ／http://www.jiro89.com/
E-mail／jiro89@mocha.ocn.ne.jp

勝間田の家＝外観。敷地正面には町のゴミ捨て場があり、人々やゴミ収集車が頻繁に訪れる。それらの視線を外すべく、各部屋の南側にテラスを配し、視線や騒音を緩和することに成功した。

岸本泰三建築設計室
岸本 泰三

"住まう人が心地良いと感じる生活空間"を
デザインすることが建築家としての使命。

　若い頃は東京で名のある建築家に師事し、14年もの間、大学や研究所などの巨大なコンクリート建築物を中心にさまざまな設計に関わった。36歳の時に離京し、故郷にて独立を果たした後は、大物建築物よりも木造住宅を中心とした住宅設計に力を注ぐ。そんな折、珍しくコンクリート住宅の設計依頼が舞い込んだ。それが、今回手掛けた「勝間田の家」だ。

　"コンクリート打ちっぱなしの家に住みたい"という要望を持つ施主は、30代の会社経営者。岸本さんは、会社関係の大切なゲストを招き入れることもあるだろうと想像し、訪れた人がアッと驚くような"非日常的な部分"を織り交ぜた空間を提案した。玄関奥のスペースを広く取り、天井のスリットから光が射し込むように計算。オブジェで飾れば、まるで美術館のような非日常的な空間に仕上がった。「日常の中に非日常的なものが混ざることで、新たな視線で日常を見ることができるのだ」と言う。もちろん、住まいの材料となる素材にも強くこだわる。素材本来の色や味わいを出したいという気持ちが強く、例えば今回の物件で用いられたアイアン素材の階段には、黒皮鉄と呼ばれる溶けた鉄が自然に冷めた状態を、着色塗装をせずにそのまま使用。「自然のままにものを見せるのはすごく大変なんです。だからと言って色を付けてしまうと材料の良さがなくなる。ペンキ塗装だと失敗したとしても、簡単に修正できるんですよ。でもそれってつまらないですよね。だから、黒皮鉄のように絶対に失敗できない部分をどこかに作るようにしています。そうすると、設計段階から緊張感を持って挑めるんです」。

道路からの視線を遮りつつ、ゆとりのあるエントランスを演出するのはRC壁。スリットを施すことで圧迫感を感じさせない造りに。

勝間田の家＝エントランス・玄関・インナーコート。「ゲストを迎える非日常の空間」にふさわしい空間を目指した。

床や壁、天井を無垢の木で仕上げることで調湿性を高めたリビング・ダイニング。テラスに面した壁は全面開口可能。柔らかい日差しが降り注ぐ。

吉永の家＝外観。個室以外は玄関も含めてワンルームとした平屋の住まい。リビングと公道の緩衝地帯として、閑谷学校の石塀をモチーフに土塁を設けている。

DATA
名称：勝間田の家
所在地：岡山県勝田郡勝央町
構造・規模：RC造・地上2階　延床面積275.71㎡
施工：2016年3月～10月

デザインのアイデアは、日常の中から掬い取る

　設計中に溢れ出る構想をどんどん実践し、次の現場に活かす。そのアイデアの源流はどこにあるのか。「日頃からさまざまなものに興味を持ち、街の中にある不思議だと感じるものを気を付けて見ることが大切。後々自分の糧になると思っています。デザインの良し悪しは見る人の主観にもよりますが、建築家の仕事は"人が生活するスペースをデザインすること"。そこに反映したアイデアは自分の今までの経験から生まれてくるものですよね。だからこそ、色々なものに興味を持っていないと、建物としての完成度は得られないんじゃないかと思います。人生は短いし、生きているうちに何もかもを経験できる訳じゃないですからね」。

岸本 泰三（キシモト・タイゾウ）

■生年／1957年7月11日

■主な仕事の実績
大屋根の家／メディカルクレオ／OSUH高等学校教室棟（共同）／やよい保育園／富の家　他

■受賞歴など
第1回JUKEN施工例コンテスト 一般の部 最優秀賞／日本木材青壮年団体連合会会長賞／（一社）全国木材組合連合会「薪ストーブのある家」国土交通省住宅局長賞／電化住宅作品コンテスト「リフォーム部門」最優秀賞／備前市環境共生住宅プロポーザルコンペ 最優秀賞／エコ電化住宅作品コンテスト「新築住宅部門」審査員特別賞／第2回家づくり大賞「一般投票部門」「家づくりの会選考部門」ローコスト賞

■まちづくりなど建築に関連した活動歴など
2002年 中島病院本館実測調査／2003年 岡山建築士会津山支部40周年記念誌編集部会 編集委員／2005年 森本慶三記念館実測調査／2006年 津山機関庫実測調査／2007年「JIA中国支部建築家大会IN岡山2007」デザインフォーラムプレゼンテーター／2008年 中島病院本館改修計画／2009年 中島病院本館改修工事監理

■所属団体
（公社）日本建築家協会／（一社）岡山県建築士会／NPO法人 木の建築フォラム

Office DATA
事務所名／岸本泰三建築設計室
代表者／岸本泰三
所在地／津山市小田中1858-4 亀川ビル2F
電話／0868-31-0922
ファクス／0868-31-0922
ホームページ／http://www.kis-atelier.com
E-mail／kishi@tvt.ne.jp

慈圭病院＝東館南面。中庭を囲んでコの字型に7階建ての病棟が並ぶ構造。中庭に面した窓を斜め向きに設置することで、患者同士の視線が直接合わず、お互いの病室内が見えない。プライバシーに配慮した密度の高い設計

株式会社創和設計
貴田 茂

徹底したコミュニケーションにより経年と共に満足できる建築を生み出す

　岡山市南区にある慈圭病院の東館は、300床もの病床数を有し、認知症やストレスケア専用の病室を併せ持つ精神科の新病棟だ。2006年に竣工したデイケア棟・作業療法棟にひき続き、東館も貴田さんが設計を手掛けている。「病院からの要望は"病院らしさのない病院"。そこで精神科への敷居の高さや独特な雰囲気を排除し、ホテルを思わせるような落ち着きのあるインテリアを採用しました。患者がリラックスして治療に専念できる快適さはもちろん、患者のご家族にも安心してもらえる空間造りにこだわっています」。

　1階ロビーや共有サロンは明るく開放感があり、来訪者が穏やかに過ごせる雰囲気。全て個室仕様の病室はシックな色の内装で統一され、各部屋への移動には専用廊下を設置するなどプライバシーにも十分配慮された造りとなっている。とりわけ精神科は、施設環境が患者の治療や回復に大きく関わる。個々の幅広い症状に合わせた機能や設備、安全面へのきめ細かい配慮が必要不可欠だ。

　「設計に際しては病院側と何十回もの打ち合わせを行いました。窓の配置や手すりの形状、建材など細部に至るまで検証を繰り返し、要望や問題点を掘り下げた上で設計に落とし込んでいます。どの建築にも言えますが、クライアントの要望を引き出し、十分にヒアリングすることが大切だと考えています」。

　デザイン性に囚われすぎず、まずは顧客の想いにしっかりと耳を傾け、必要な機能を取り入れてバランス良く設計に生かす。徹底したコミュニケーションができて初めて、アイデアやデザインが導き出される。形に至るまでのプロセスこそが建築家の仕事の要と考えている。

7階にあるストレスケア病床。木目調の優しいインテリアとゆとりある広さが特徴

正面入口のある東館北面。以前手掛けたデイケア棟・作業療法棟のデザインを汲み、外壁にレンガを使用。病院の第一印象を決定づける外観に、安心感と温かみを演出している

クリーム色を基調にした1階の待合ロビー。中庭が望める開放的な空間

クラブン株式会社＝岡山支店。全フロアを一面ガラス張りにしたシンプルモダンな設計。内部の家具や照明、働く人の姿を外に見せてショールーム化することで、建物全体が企業の看板としての役割を果たしている

DATA
名称：公益財団法人　慈圭会　慈圭病院　東館
所在地：岡山県岡山市南区浦安本町100-2
構造・規模：鉄筋コンクリート7階建て、16412.50平方メートル
竣工：2015年1月

5年後の評価と顧客満足がやりがいに

　公共建築や商業ビル、一般住宅まで幅広い設計をこなす貴田さん。長いキャリアの中で一貫して目指すのは、「顧客満足に応える建築」。特に、完成から5年後の評価にやりがいを感じるそう。「建物は出来た時がピークではなく、実際に暮らしたり活用をしたりする中で、心から満足できるのが理想的。歳月を重ねて周辺環境になじみ、顧客はもちろん、地域にも良い影響を与えるような建築物を追求したい」とさらなる向上心をにじませる。

　建築への情熱は絶やさず、若い世代の活躍にも期待を寄せる。

　「若い人には自分の中に喜びや誇りを持てる作品を手がけてほしい。自身の仕事を通じ、次世代の建築家にも建築の楽しさや素晴らしさを伝えていきたいです」。

貴田 茂（キダ・シゲル）

■生年／1943年4月14日

■主な仕事の実績
一般財団法人淳風会 倉敷第一病院 北館／岡山市立岡山後楽館中・高等学校校舎／社会福祉法人淳風福祉会 若宮の杜／株式会社双葉電機 社屋新築 他

■受賞歴など
2015年建設事業関係功労者等国土交通大臣表彰／第2回おかやまUDコンテスト最優秀賞／岡山市景観まちづくり賞　他

■まちづくりなど建築に関連した活動歴など
（一社）岡山県建築士事務所協会 会長

■所属団体
（公益）日本建築家協会／（一社）岡山県建築士事務所協会／（一社）岡山県建築士会／（協）岡山県設計技術センター／岡山建築設計クラブ／岡山南ロータリークラブ

Office DATA
事務所名／株式会社創和設計
代表者／貴田茂
所在地／岡山市北区野田屋町2-10-5
電話／086-231-2810
ファクス／086-231-2820
ホームページ／http://ww9.tiki.ne.jp/~nodaya1/
E-mail／sowa-atec-1@mx9.tiki.ne.jp

井原市中心部の高屋地域に、1994年に開館した「華鴒大塚美術館」。小割にした瓦屋根に、古い町並みに威圧感を与えない設計配慮が窺える。

株式会社倉森建築設計事務所

倉森 治

地元建築界の重鎮の胸奥に
今なお燃ゆ、熱き建築家魂

地元公共建築の歴史に倉森あり

　大学卒業後、岡山市役所に5年間在籍。そこで、音響建築の第一人者・佐藤武夫の下で設計監理に携わった市民会館を皮切りに、学校や消防署、図書館などさまざまな公共建築を担当した。その後、一旦は工業高校の教諭となったが、父が体調を崩したのをきっかけに倉森建築設計事務所を引き継ぐ。弱冠32歳でのスタートではあったが、当時まだ珍しかった一級建築士の技術と建築に対する真摯な姿勢への評価は高く、県内20の役場庁舎を含む公共建築から民間施設、個人住宅まで受注案件は拡大。現職（同事務所取締役会長）に退くまで約半世紀に渡り、今なお日本建築界に知れ渡る程の確かな実績と信頼を築き上げてきた。その業績が認められ、2007年には旭日小綬章を受章している。

調和と個性が織りなす美しき景観

　そんな倉森さんが自身の代表作と位置付けるのが、高屋織物（現タカヤグループ）が創業100周年を記念し開館した「華鴒大塚美術館」。小さな屋根を組み合わせ数奇屋風に日本瓦を葺いた建物には静ひつでスタイリッシュな和の趣が漂い、鉄筋コンクリート造りながら高屋地区の古い町並みにも美しく調和。広いエントランスロビーの眼前には茶道・上田宗箇流第15代家元が風雅幽寂の境地を表現した庭園が広がり、近現代日本画や彫刻といった展示作品に対面するまでの道程にも細やかな配慮が行き届いている。そんな周辺環境との調和と単体としての美しさを両立する設計スタイルは、同じく古い町並みの中心に作られた複合施設「勝山文化センター」にも、磯崎新アトリエとともに手掛けた「岡山西警察署」にも然り。根底にあるのはいずれも「建築設計のベースはまちづくりにある」との思いだ。

抱き続けるまちづくりへの想い

　「建築は、用途目的に応じてそれぞれに完成されるべき

古備前から人間国宝の逸品、現代作家によるものまで、幅広い備前焼作品を展示する「備前陶芸美術館」。

約700名を収容する大ホールをはじめ、研修室や会議室、保育室などを併設する「勝山文化センター」は、勝山地域のほぼ中央に位置し、シンボリックな存在感を放つ。

笠岡市立竹喬美術館

就実大学図書館

倉森 治（クラモリ・オサム）

■生年／1936年7月8日
■主な仕事の実績
華鴒大塚美術館／勝山文化センター／備前陶芸美術館／岡山県市町村振興センター／竹喬美術館／RSKメディアコム／社会福祉法人旭川荘児童院・敬老園／岡山学院大学／就実女子大学・短期大学／岡山女子短期大学／山陽新聞社新屋敷ビル／岡山西警察署（磯崎新アトリエと協働）／岡山県立病院（現岡山県精神科医療センター、日建設計と協働）／西大寺ふれあいセンター／熊山町桜が丘いきいき交流センター／真備町庁舎　他

■受賞歴など
1978年 岡山県文化奨励賞／1988年（社）日本建築士事務所協会連合会建設大臣賞／1994年（社）日本建築士事務所協会連合会優秀賞／1994年 紺綬褒章／1997年 建設大臣表彰／1998年 山陽新聞賞（文化功労）／1999年 黄綬褒章／2005年（社）日本建築家協会名誉会員／2007年 旭日小綬章

■まちづくりなど建築に関連した活動歴など
（一社）岡山県建築士会会長／岡山県都市計画審議委員

■所属団体
（公社）日本建築家協会／（一社）岡山県建築士会／岡山建築設計クラブ／岡山ライオンズクラブ

ものでありながら、同時に街並みという集合体をなす要素でもあります。つまり作り手には、個性・思想を発揮することと、心を合わせて臨む姿勢のどちらもが必要とされるのです。その点で岡山建築界における組織間連携は、他地域に比べても格段に上手くいっていると言えるでしょう」。しかしながら、こうも続ける。「近年の公共工事はコスト偏重で、作り手の想いを反映しにくい現状があるのも確か。また岡山は交通の要衝として立地優位性を備えているにも関わらず、主要施設間のアクセス機能は決して十分とは言えない。住民、観光客・ビジネス客の誰にとっても歩き良い街を目指した機能強化が、今後の課題と言えるでしょう」。

　現役を退いて早8年。齢も80を迎え、今後現場に立つことは考えていない。けれど今も毎日出勤し、求めに応じて各委員会や会議にも積極的に顔を出し続けるのは、今後の岡山建築界の進化に今なお熱い使命を燃やしているからにほかならない。

Office DATA
事務所名／株式会社倉森建築設計事務所
代表者／赤木定
所在地／岡山市北区丸の内1-9-3
電話／086-231-6191
ファクス／086-231-8087
ホームページ／http://www.kuramori.com/
E-mail／architect@kuramori.com

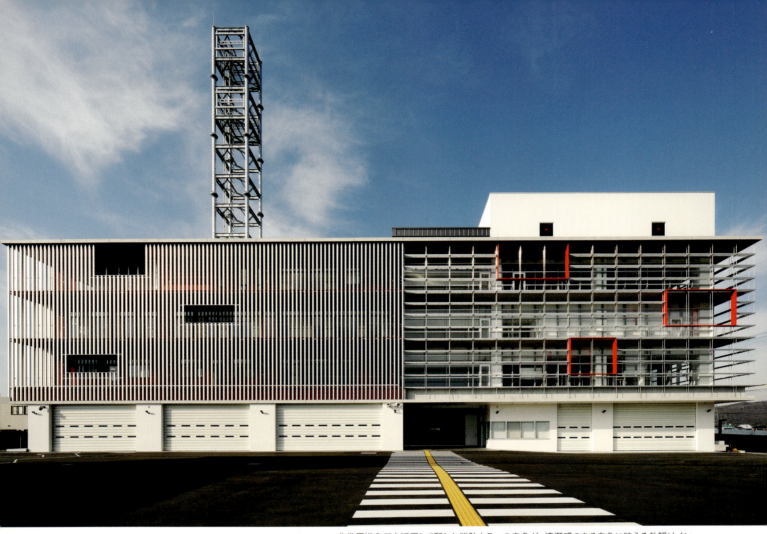

非常用進入口を活用して配した消防カラーの赤色が、清潔感のある白色に映える外観はインパクトも大。近隣の西警察署とデザインを合わせることで地域に馴染み、一体感を与えている。

株式会社黒川建築設計事務所
黒川 隆久

依頼主の"夢"や"想い"に満ちた空間を、建築家の感性や根源によって醸成することを目指す

「優れた建築は"夢"や"想い"に満ち、依頼主が持つさまざまな意図を総合的に捉え、要望に的確に応えたもの。そして、それをどのように表現するかが建築設計に必要なこと」だと、自身の建築論を展開する黒川さん。その考えを如実に表現した建築物として、「岡山市西消防署・岡山市消防防災センター」が挙げられる。このプロジェクトの大きなテーマは「開かれた庁舎」。それに対し、黒川さんは"透明性・開放性のある空間"と"閉鎖的空間"を融合した建物の設計を提案した。市民に開放されたエリアと、職員のプライバシーやセキュリティーを守るための閉鎖エリアを、ガラス張りのパブリックスペースでつなぎ、市民と職員とが互いに心地よく署を利用できる仕組みだ。

もちろん、建物の機能面も重視。大規模災害発生時において、迅速な初動対応が行えるよう免震構造を取り入れた他、電力途絶時でも庁舎機能を最低限維持できるように通風経路を確保して自然採光・換気を行うシステムを採用するなど、防災機能やランニングコストに配慮したアイデアが随所に。建物外部の照明や空調の負荷を低減するなどの省エネルギー化を図ることで環境にも優しい庁舎となった。

「建築は、周囲の環境や空間を構成するものです。だからこそ、そのものに社会性があり、同時に、環境や自然とどう向き合っているかを考察することが、人との関わりと同じように大切なことだと思っています」。

常に人間や空間、時間経過を意識した設計を提案

黒川さんには、建築設計をする際にとりわけ大切にし

まるで聖なる領域を象徴するかのように光が降り注ぐ礼拝堂。自然光を採光する高窓を採用したことで、より神聖な空間としてシンボライズすることに成功。

日中は移ろう雲の動きを捉え、夕刻になると教会内の温かな灯りが零れる大きな窓が印象的な蕃山町教会。壁一面をガラス張りにすることで教会内での活動が一目で分かるようになり、地域に開かれた教会として生まれ変わった。

2つの作業場、事務所、レストランの4施設からなるCHALLENGED。レストランにおいては、柔らかな温もりを感じる、木質感のある開放的な空間に仕上げた。

CHALLENGED（社会福祉法人倉敷夢工房）＝周囲の景観に溶け込む外観

DATA
名称：岡山市西消防署・岡山市消防防災センター
所在地：岡山市北区野殿西町
構造・規模：鉄骨鉄筋コンクリート造5階建　4,378㎡
施工期間：2007年10月～2011年9月

ていることがあると言う。それは、現場に足を運ぶこと。施主がどういう意図で建設を望んでいるのか、また、周囲の環境や利用者からの"想い"をどう建築物に取り入れるかという点を汲み取るためには、現場に出て、関わる人たちへの理解を深めることが一番だそうだ。「建築物は人との関わりの中で生まれるもの。だからこそ、施主や建物を取り巻く人たちの思いを深く知ることが大切であり、とても勉強になるんです」。

「建物には美しいと感じられる審美性や、人間が快適に利用できる機能性、そして共に生き続けられる耐久性が求められています。そういったオーダーを満たすためにも、"建築"の存在価値や意味を自分に問いかけながら、"想い"が溢れる空間を具現化し続けていきたいと思っています」。

黒川 隆久（クロカワ・タカヒサ）
■生年／1952年10月23日
●主な仕事の実績
岡山市西消防署・岡山市消防防災センター／日本基督教団蕃山町教会／CHALLENGED（社会福祉法人倉敷夢工房）／岡山市南区役所／せとうち旭川荘／さわだレディスクリニック／福祉施設（同仁会、ふれあい福祉会、うずき会、天神会、泉学園、藤花会　他）／住宅（S邸、Y邸、O邸、H邸　他）／官公庁施設　他

■受賞歴など
設計競技 愛知県建築士事務所協会賞特賞／岡山市優秀建築賞／第二回おかやまUDコンテスト優秀賞／日事連建築賞奨励賞／倉敷建築文化賞

■まちづくりなど建築に関連した活動歴など
(公社)日本建築家協会中国支部 岡山地域会長／(一社)岡山県建築士事務所協会 理事／岡山建築設計クラブ代表

■所属団体
(公社)日本建築家協会／(一社)岡山県建築士会／(一社)岡山県建築士事務所協会

Office DATA
事務所名／株式会社黒川建築設計事務所
代表者／黒川隆久
所在地／岡山市南区新保1187-1
電話／086-234-6688
ファクス／086-234-0166
ホームページ／http://www.kurokawa-sekkei.com
E-mail／kurokawa.a.f@nifty.com

2016年5月に完成したカフェ「MAKOA COFFEE」（岡山市北区楢津）は、日中は外からの自然光を豊かに取り込みつつ、夜には内から柔らかな光を放つことによって美しい風景の一部となることを目指した。

株式会社グランツ設計

佐々木 満

建て主の想いと造り手の信念を結実。
完璧を超える"プラスα"への信念

感動生まずして建築家の価値なし

　建築・設計を生業とする者ならば、備える技術は大同小異。それでもブランド力のない小さな設計事務所の扉を叩く依頼者が絶えないのは、求められるものがありきたりの機能・性能だけではないことの証だろう。例えば仮設住宅。必要最低限の環境をと考えれば、雨風をしのぐ箱があれば十分かもしれない。けれどその室内には一輪挿しが置かれていたり、写真や絵が飾られていたり、基本的な衣食住"プラスα"の何かを目にすることも多い。医療福祉施設を中心に一般住宅も手掛ける佐々木さんは、その"プラスα"こそ「人間らしく生きるための重要なエッセンス」と語る。「施設であれ家であれ、そこには美しいものや楽しいもの、感動できる何かが必ずいる。その"プラスα"の何かを提供するところにこそ、私たち建築家の存在価値があるんです」。

　そしてその"プラスα"を、しばしば「光」と「風景」で表現する。光と風を取り込むための窓を、美しい風景画に見立てて人の目を楽しませるだけでなく、外からの目には壁を彩る温かな灯りでその心を安らがせる。必要な機能・性能を守りつつ"プラスα"を加えるためには、大きな葛藤と苦労と向き合わなければならない。けれど「機能的・合理的なだけの箱なら、自分が作る意味はない」という建築家の誇りが、高いハードルへと氏を向かわせる。

徹底的なヒアリングで想いを可視化

　そのハードルを確実に超えるために欠かせないのが、設計前に最低10時間はかけて行う綿密なヒアリング。機能・性能、デザインについてはもちろん、家族関係やラ

外光をたっぷり取り込みつつ、カフェの目的を考慮して内側はゆったりとくつろげるプライベート感のある空間に。

ランダムに配された壁や柱によって、光の進路を巧みに操っている。

DATA
名称：MAKOA COFFEE
所在地：岡山市北区楢津150-1
構造・規模：木造、210.50㎡
施工期間：2016年1月～5月

事務所兼住宅として手掛けた鉄筋コンクリート造の2階建て。広大な敷地を生かし外壁の外側にフリースペースを設けることで、プライバシーを守りながら内外にも開かれた空間演出を実現している。

事務所兼住宅のLDKスペース

イフスタイルに至るまで徹底的に取材。「建築家の仕事は図面を描くことではなく、想いを受け止めること。それができれば、図面は自然に浮かび上がってくるのです」。そんな彼が、今までで唯一ハードルを越えられなかった案件がある。岡山市内に建設予定だった、とある施設。依頼を受け、建て主の想いに深く共感し、持ち前のヒアリング力と発想力で着工直前までこぎつけた。しかし、その矢先にクライアントが急逝。計画はすべて白紙になってしまったのだ。知識と技術を投じただけの図面なら、仕方がないと諦めもついただろう。けれどそれは、佐々木さんとクライアントの間に結実した想いそのもの。竣工によってその施設の中に映し出されるはずだった"プラスα"の風景は、処分できないままの模型の中に、今も生き生きと宿り続けている。

佐々木 満 (ササキ・ミツル)

■生年／1964年1月18日

■主な仕事の実績
特別養護老人ホームピオーネ当新田／サービス付き高齢者住宅あさひ園／サービス付き高齢者住宅メディカ倉敷北／特別養護老人ホームあずみ 他

■受賞歴など
倉敷市建築文化賞／岡山市まちづくり賞　他

■まちづくりなど建築に関連した活動歴など
1993年～1997年　蒜山高原ハービル等のプロジェクトに参加

■所属団体
(公社)日本建築家協会／(一社)岡山県建築士会／(一社)岡山県建築士事務所協会／岡山建築設計クラブ

Office DATA
事務所名／株式会社グランツ設計
代表者／佐々木光
所在地／岡山市北区津高701-1
電話／086-252-6667
ファクス／086-252-0044
ホームページ／http://www.glanz-design.co.jp/
E-mail／m-sasaki@glanz-design.co.jp

佐渡基宏建築アトリエ
佐渡 基宏

住まう人の暮らしを支え、共に老い、
寄り添っていける住宅を作り続けていきたい

　父親が設計の仕事を生業としていたこともあり、自宅には常に建築雑誌が置かれていた。そんな中で育った佐渡さんが、建築の仕事に興味を持つことは自然なことだったのかもしれない。大学卒業後は、上京して内藤廣氏や古市徹雄氏に師事し、公共建築を中心にさまざまな建物を手掛けた。「東京にいる時はお金もなく、生活が非常に厳しかった。でも、今までで一番充実した時間が過ごせたと思います。怒られつつ、いろいろなことを学ばせて頂きました」と、当時を懐かしそうに振り返る。その後、生まれ育った故郷・倉敷で独立した。32歳の時だ。
　独立後は商業施設を中心に設計していたが、「自分が本当に表現したいものは住宅設計だ」という想いから、徐々に住宅設計に移行。そして、自邸「老松の家」が制作された。佐渡さんが仕掛ける建物は、どれも窓を利用した光の取り入れ方が面白い。「窓は光を入れるためだけではなく、景色を切り取る役割もある。ぼくは、家の中には明るい場所だけでなく、暗い場所も作るべきだと考えています。暗さがあるから、窓が生きる。陰影がある家は奥行きが感じられるんです。そして、だからこそ、時間の流れが美しく感じるんだと思います。建築は、そのゆっくりとした時間の流れを作ることができる。仕事で時間に追われている現代人だからこそ、家という空間の中では、ゆっくりとした時間を過ごしてほしいですね」。

住まい全体に一体感が生まれる平屋
　白壁と青い空とのコントラストが美しい「生坂の平屋」は、約25坪とやや小ぶりの敷地に建つ。家の東側にウッドデッキを据え、開放的な印象を演出している。このウッドデッキスペースには天井がない。見上げた先には、まるで絵画のように切り取られた美しい空が在るだけだ。また、白い外壁には光や影、植物の緑色が投影され、スクリーンのように美しい自然を映し出している。余計な手を加えない、シンプルで余白のある設計が、自然と住宅を調和し、自然の美しさを際立たせているのだろうか。
　最後に、佐渡さんはこう語った。「家に帰ってくると気持ちが"澄む"ような住宅、そして、家族の出来事を見守り、家族が年老いるのと同様に老いるような、共に人生を歩んでいくかのような住宅を、ゆったり自分のリズムで過ごせるような住宅を、これからも作り続けていきたいですね」。

東側に開く平屋。自然と調和する美しい佇まいに思わず目を奪われる。

上部の開口から淡い光が射し込む玄関土間。アウトドア派のご夫婦がいつでもすぐにサーフィンを楽しめるように、玄関の一角にサーフボード置き場を設置。

DATA
名称：生坂の平屋
所在地：岡山県倉敷市
構造・規模：木造、84.46㎡
施工期間：2013年7月〜12月

約25坪の敷地に建ちながらも狭さを感じさせない住まい。キッチン、ダイニング、リビング、テラス、和室が一体となり、歳月を重ねる毎に味わい深くなる木枠の窓からは穏やかな光が溢れる。

ウッドデッキ。木製ルーバーを閉めることでウッドデッキがプライベート空間に早変わり。プライバシーを確保しつつ、景色だけを空に絞ることができる。

和室からの眺め。木製ルーバーを開け放てば、開放的な空間が広がる。手前の和室からは、リビングやキッチンの様子を眺めることが可能。

キッチン

佐渡 基宏（サド・モトヒロ）

■生年／1966年8月18日
■主な仕事の実績
ギャラリー栂／DUKEDOM／おひさまこどもクリニック／千喜知庵／老松の家／間の家／生坂の平屋／囲う家／六角形の家／まち●テラス●いえ
■まちづくりなど建築に関連した活動歴など
フィールドオブクラフト倉敷
■所属団体
（公社）日本建築家協会

Office DATA

事務所名／佐渡基宏建築アトリエ
代表者／佐渡基宏
所在地／倉敷市中央2-10-7 2F-A
電話／086-434-6557
ファクス／086-434-6445
ホームページ／http//sado-a.com
E-mail／info@sado-a.com

株式会社佐藤建築事務所

佐藤 正平

建築は「人間」と「社会」に対する肯定的な眼差しとロマンティシズムのなかにある

　2015年、就実大学・就実短期大学110周年記念校舎（S館）が岡山市景観まちづくり賞を受賞した。学校法人就実学園は創立110周年を迎えると共に、大学・短期大学を擁する西川原キャンパス内に、人文・教育・薬学の3学部に続き、新たに経営学部を設け、総合大学として大きな一歩を踏み出すこととなった。これを機に、キャンパス全体の再編成が図られる中、その第Ⅰ期工事として計画されたものだ。

　大学はそれぞれの分野を通して、人間と社会、諸々の制度とその成り立ちを問い学ぶ場であり、その限りに於いて、近年、自発的学習空間や多様な学びのスペースが重要視されている。このようなスペースを建築と共に外部空間にも設えて、何か象徴的な場所を作りたい——そう考えたとき、様々な意味の元初を問う彼の有名な「学校の起源」の物語が心に留まった。一本の木の下で自分が教師であることを知らない一人の男が、生徒であるとも思っていない若い人たちのために何か本当に大切なことについて語るとき、それが学校の始まりであると。この言葉は共に学ぶこと、さらに生きることへの浪漫に充ちており、この場所をキャンパスの中央広場として整備し、大学生活にとって記憶に残る場となるよう考えた。また、敷地内のスムーズな移動と活発なコミュニケーションを図るため2階のデッキで各棟を繋げると共に、屋上庭園を中央広場と一体的な位置に配することでより豊かな屋外空間を創出した。

　同じく佐藤さんが手掛けた学び舎に「岡山県農林水産総合センター農業大学校木造研修交流施設」がある。岡山県産材をふんだんに用い、外壁はもちろん、160人収容可能な研修交流ホールや中庭、男女別の寮など内部の至るところにまで木材を使用している。「プロジェクトには設計として携わりました。農業系の施設として、すごく良いものができたと思っています。こんなに多くの県産材を使用するのはある意味難しく、自分にとっても初めての試みでした」。

建築を設計する上で重要なのは社会性と道具性

　取材の最後、佐藤さんは自身の建築観について次のように語った。「人間と世界、そして社会との関係を際立たせていくもののツールとして、建築があると思っています。社会の中でその目的を突き詰めた時に初めてデザインが生まれる。依頼者が求める様々な内容をちゃんと考えて、その中からデザインを見つけ出す、それが建築家として重要なことだと思っています」。

建物の老朽化によりキャンパス全体の再編成を図った。その第Ⅰ期として、110周年記念校舎（S館）を新築。また、建物西側の道路沿いを緑化し、地域に開放された歩道空間とした。

DATA
名称：就実大学・就実短期大学110周年記念校舎（S館）
所在地：岡山県岡山市中区西川原1-6-1
構造・規模：鉄骨造、6900㎡
施工期間：2014年3月～2015年3月

就実大学・就実短期大学110周年記念校舎（S館）＝木製デッキの広場とケヤキの木

新たに設けられた東西軸である通路空間を樹々の配列によりプロムナード化した。その奥に配置された木製デッキの広場には、学びの場の象徴としてケヤキの巨木が移植された。

就実大学・就実短期大学110周年記念校舎（S館）＝階段室より、300人収容可能な110周年記念ホールの講堂空間を見る。

岡山県農林水産総合センター農業大学校木造研修交流施設＝外観

佐藤 正平（サトウ・ショウヘイ）

■生年／1949年5月25日
■主な仕事の実績
就実大学・就実短期大学110周年記念校舎／岡山県農林水産総合センター農業大学校木造研修交流施設／サン・クリニック「森の医院」／旧日銀岡山支店「ルネスホール」／岡山大学五十周年記念館／アイナリーホール／劉生容記念館／還暦の家／津島京町の家　他

■受賞歴など
2012日本建築学会賞（業績）／BELCA賞／第1回JIA中国建築大賞優秀賞／岡山市景観まちづくり賞　他

■まちづくりなど建築に関連した活動歴など
1998年～2005年「旧日銀岡山支店を活かす会」常任委員としてプロジェクトに参加／2005年～2013年「NPO法人バンクオブアーツ岡山」幹事／2013年～現在「NPO法人バンクオブアーツ岡山」顧問

■所属団体
（公社）日本建築家協会／（公社）日本建築士会連合会／（一社）日本建築学会／（一社）岡山県建築士事務所協会／（一社）岡山県建築士会

Office DATA

事務所名／株式会社佐藤建築事務所
代表者／佐藤正平
所在地／岡山市北区内山下2-11-8
電話／086-223-0830
ファクス／086-226-5660
ホームページ／http://www.shoheisato.com/
E-mail／satokenchiku@mx3.tiki.ne.jp

北原産業第六工場＝外観。緩やかな曲線を描いた屋根の下で同企業のマスコット「ホクちゃん」が飛翔するデザインが印象的。漆喰やなまこ壁を利用した外壁は、矢掛町の宿場町をイメージしている。

株式会社ベン建築設計
芝村 滿男

人と人との繋がりから生まれる建築物を通して、地域づくり、街づくりに貢献したい

「働きたくなる工場、工場らしくない工場をつくりたい」

　緑が生い茂り、清らかな小田川が流れる自然豊かな矢掛町。かつては宿場町として栄えた街に佇む漆喰調の建物は、2013年2月に完成した北原産業第六工場である。
　「工場と併設の倉庫には、"宿場町・矢掛町"をイメージさせる、昔ながらの漆喰やなまこ壁を採用しました。壁面にブルーのラインを入れて、そばを流れる小田川を表現し、周囲の自然と調和するデザインに仕上げました。壁面に北原産業のマスコットキャラクター"ホクちゃん"を散りばめたことで依頼主にも喜んで頂けました」。
　従業員の労働環境にも心配りが感じられる。工場の設計では"いかに快適な環境で作業ができるか"を重視し、温度・湿度・照度の環境を充実させ、倉庫部分には断熱を施して製品の劣化が生じにくいように施工した。また、小さな子どもを持つ従業員が安心して仕事に取り組めるようにと、事務所棟の2階に託児用スペースを確保したことも好評だったようで、取材の中で喜びをにじませました。まさに、人と人とのつながりを大切に思う、芝村さんらしさがにじみ出る建築物と言えるだろう。

次世代の設計事務所の役割を考える

　1976年12月に独立してから40年間、教育機関から住宅、工場、果ては海外の国際空港まで手掛けるなど、ジャンルを問わず活躍する芝村さんに、今後挑戦したいことを尋ねてみた。「これまでのように街なみの調和や、地域づくり、街づくりに貢献しながら、今までに培われた実績で企画を提案するソフト集団を目指しています。現在、莫大な費用の公共建築物は基本設計だけ建築事務所

北原産業第六工場＝保育施設。小さな子どもを持つ従業員が安心して仕事に専念できるよう、子どもを預かる保育空間を設置した。

北原産業第六工場＝航空写真。県を東西に結ぶ交通拠点、幹線道路沿いに位置する広大な敷地。オーナーの好意により、その一部は緊急時にはドクターヘリの発着場となる。

北原産業第六工場＝工場内

DATA
名称：北原産業 第六工場
所在地：岡山県小田郡矢掛町
構造・規模：鉄骨造
施工期間：2011年9月〜2013年2月

総社市西公民館久代分館＝正面玄関。建物の白色と芝生の緑色が相まって爽やかな印象を与える。地域住民が会合やイベントなど、さまざまな催しで利用しやすいように、集会室のスペースを広く確保した。

が行い、その他はゼネコンが実設計と施工を行っています。そういう時代に移りつつある中で、事務所同士で協力し、さまざまな提案のデザイン、機能を発掘する勉強を周りに先駆けて行っていきたいと思っています。つまり、企画会社としてのスタートですね」。

業務を通じて社会に奉仕すること、街づくりや人づくりによって社会に奉仕すること、地域事務所として地域に活動奉仕をすること、常にレベルアップすることをモットーとするベン建設設計事務所。その筆頭に立ちながらも、自身も常に向上心を持つ心を忘れず、若い世代の建築家たちと向き合い、時代に合った新しい感覚を養い続けている。

芝村 滿男（シバムラ・ミツオ）

■生年／1940年神戸市生まれ

■主な仕事の実績
北原工業／久世中学校／久代公民館／総社西中学校／総社東中学校／津山西中学校

■受賞歴など
岡山市まちづくり賞／倉敷市都市建築優秀賞

■所属団体
（一社）岡山県建築士事務所協会／（一社）岡山県建築士会 相談役・名誉会員／総社ロータリークラブ会員

Office DATA
事務所名／株式会社ベン建築設計
代表者／芝村滿男
所在地／岡山市北区番町1-1-6 新番町ビル3F
電話／086-231-3151
ファクス／086-232-3240
ホームページ／http://ben-kenchikusekkei.co.jp/
E-mail／ben@ben-kenchikusekkei.co.jp

株式会社塩飽設計
塩飽 繁樹

技術者として地域に文化的財産を残す。それこそが、建築家の役割

「建築家は本来、エンジニアだと思っています。施主の要望と予算に合わせて、建築する地域や風景に適したものを提供することが私の設計スタンスです。また、その建物が必要な機能をきちんと果たし、施主に満足してもらえることが技術者として大切な仕事だと考えています」と話す塩飽さん。シンボリックな建築を要求されない限り、地域で突出したデザイン性の高い建築を避け、環境に合わせた風景づくりにこだわる。「地域社会の中で建築の設計技術者が果たすべき役割は、文化的財産を残すこと。ですから、設計や監理がきちんとなされなければなりません。建築は、建ててしまえばそこに風景をつくってしまう。それは50年、100年と残ってしまうのです」

井原市にある高山寺指定重要文化財収蔵の建築は塩飽さんにとって特殊かつ貴重な経験となった。中に収められる指定重要文化財（仏像）は木製のため、湿度が高いと菌が繁殖して傷んでしまう。以前に他県で美術館を手掛けており、文化財を扱う建築の知識と経験を有した塩飽さんだが、今回は小さな建物でありながら、建材選びや湿度の調整に神経を尖らせたという。

蔵内は乾燥状態を保たなくてはならない。そのため、外壁は外気の影響を受けないようコンクリートの上に漆喰を塗り厚めにし、床下は地面からの湿気を避けるため高床にした。さらに、屋根は陽光の熱を遮るため、コンクリートと上屋の間を空気が抜けるよう二重構造に。鉄筋コンクリート造にしたのは盗難防止のためでもあり、建物自体金庫のような役割も果たしている。内装は床、壁、天井、全てに杉を使用。完成後も、コンクリートの乾燥と調湿に約1年を要した。手間と時間を掛け細かい仕掛けが複数施された特殊な建築は、今後も地域の文化的財産として歴史を刻んでいくであろう。

古き良き日本の風景、建築を次世代に残したい

現在、ヘリテージマネージャーとして活躍する塩飽さんは、明治時代から昭和初期の古い建物が次々と解体されていく中で、日本固有の風景が失われつつあることに危機感を覚えるという。「インバウンドが進む世の中で、海外からの観光客が一番見たいのは、日本にしかない風景ではないだろうか。それをないがしろにしないよう、古いものを保存し、活用できるように働きかけています」

塩飽さんの建築家としてのルーツは、戦国時代塩飽水軍を支えた塩飽大工として神社仏閣を手掛けてきた先祖にある。その子孫としての誇りを持って、地域社会に風景をつくってきた。「国の重要文化財とはいかなくとも、せめて登録文化財に」と。その想いは、この先も塩飽さんのもとで育つ新たな人材によって受け継がれていく。

「おかやま山陽高等学校」90周年記念事業で建設。吸音設備を備えた、円形ホールの「自律館」。

安全性に配慮した、「和光保育園」園舎の増築。

美星町の「星の郷青空市」。壁を作らず、風通しが良く広々とした空間に。

国指定重要文化財の不動明王座像、地蔵菩薩立像が安置されている。

徹底した湿度管理がなされた、高山寺指定重要文化財収蔵施設。

DATA
名称／高山寺指定文化財収蔵施設
所在地／井原市
構造・面積／鉄筋コンクリート造1階建て　延床面積34.33㎡
施工期間／平成24年6月〜平成25年3月

塩飽 繁樹（シワク・シゲキ）

■生年／1952年井原市生まれ

■主な仕事の実績
個人住宅多数／特別養護老人ホーム 四季の里／笠岡市立新山小学校校舎体育館改築／片山工業（株）本社屋／（株）オクノ本社屋／上海龍深電子有限公司／県立井原高校体育館等改築／土佐屋旅館／（株）タカヤ映像電子棟／笠岡放送（株）スタジオ／マイクロクラフト（株）本社　ほか

■まちづくりなど建築に関連した活動歴など／笠岡旧八軒屋町町並保存調査／金光町大谷地区まちづくり／22地域づくり塾

■所属団体
（社）日本建築学会／（社）日本建築家協会／（社）岡山県建築士会／（社）岡山県建築士事務所協会／笠岡ロータリークラブ

■公職
笠岡簡易裁判所調停委員／笠岡簡易裁判所司法委員／笠岡市建築審査会委員／笠岡市空き家対策審議員

Office DATA
事務所名／株式会社塩飽設計
代表者／塩飽繁樹
所在地／笠岡市笠岡4110-8
電話／0865-63-1528
ファクス／0865-63-1529
ホームページ／http://www.kcv.ne.jp/~shiwaku5/
E-mail／shiwaku7@mx1.kcv.ne.jp

総社市小寺の特別養護老人ホーム『いずみの杜』。扇型の外観は、地域に開かれ歓迎の意を表すと同時に、室に四季折々の眺望を映し出す間取りを実現

株式会社U.D.D設計

菅野 憲

挑戦の気概と揺るがぬプロ意識が
圧倒的な提案力にさらなる価値を宿す

コンサル力で医療分野に特化

菅野さんが医療福祉施設を多く手掛けるようになったのは、分野を特化し強みを持とうと病院・クリニックに的を絞ったのがきっかけだ。

クリニック新設の情報を得ると、計画地周辺の人口から一日の来院患者の見込みを分析。その後も土地探しから工事費や診療報酬などの収支予想、銀行交渉、開院案内のポスティングまで、もはや建築事務所なのか医療コンサルなのか区別がつかないほどどんなことでも引き受けた。

当時は医療コンサルを専門とする会社もほとんどなかった時代。その行き届いた顧客サービスは方々で重宝がられ、いわずもがな受注は順調に増えていった。

実績と信頼を礎に新たな道を開拓

実績と信頼を重ねるとともに本来の設計業務に集中するようにはなったが、経験に培われた業界知識やコンサルのノウハウは健在。業界を知り尽くしているからこその合理的な動線や仕様提案は、業界構造の変化とともに社会福祉分野へと手を広げた今なお高く評価され、新規の仕事もほとんどが既存客からの紹介によるものだ。

一方で、近年はオフィスビルや店舗、工場や一部では公共建築にも参画。また、新たなステージとして全国大手の設計事務所との協同作業にも取組みはじめた。そのうちのひとつが2016年2月に竣工した『岡山県医師会館』で、岡山駅西口エリアの新たなランドマークとして早くもその風格を放ち始めている。

1階をエントランスホール、2階を多目的スペースに充てた扇型中央部は、緩やかな曲線構造で柔らかさを演出

2016年に完成した『岡山県医師会館』。市松調の外観は、内からの視線を広げつつ周囲の住宅地に威圧感を与えない工夫のひとつ

特別養護老人ホームという用途特性から、入居者には適度な変化と落ち着きを感じさせる色彩や設え、職員には作業効率の向上をもたらす動線に配慮

岡山県医師会館の7階中央には屋上庭園も

DATA
名称／特別養護老人ホーム　いずみの杜
所在地／岡山県総社市小寺995-1
構造・規模／鉄骨造・地上2階建、延床面積3870㎡
施工期間／2011年12月〜2012年6月

"本職"へのこだわり、そして誇り

　得意分野以外の実績が増え、抱える技術者も充実してくると、時に「次は一般住宅も」との思いが脳裏をよぎることもある。ゼロベースから医療コンサルのノウハウを獲得し確固たる信頼を築いてきた菅野さんなら、未開の分野を切り開くこともさほど難しいことではないだろう。それでも「やるにはやれても、仕事として挑戦することはまだしばらくはない」と菅野さん。「ひとことで建築と言っても、その性質・用途によって求められる知識や技術はまったく違う。例えて言うなら、日本料理と中華料理くらい。本当にお客様のニーズに応えるものづくりをしようと思えば相当な準備とさらなる体制強化が必要です」。その徹底した姿勢に、建築家としてのこだわりと、誇りがにじんで見えた。

菅野 憲（スガノ・ケン）
■生年／1946年10月15日
■主な仕事の実績
岡山県医師会館
特別養護老人ホームいずみの杜
浅口市学校給食センター
特別養護老人ホーム川柳の里 三清荘
海岸通りクリニック
岡山西クリニックモール
せとうち眼科
ケアホームおひさま
小規模多機能型施設きずな
就労支援・児童デイサービス施設ふじさん
有料老人ホームドルフィン倉敷
グループホーム庄の里「なごやかな家」
サービス付高齢者向け住宅 福寿苑
■所属団体
（公社）日本建築家協会／（一社）岡山県建築士会／（一社）岡山県建築士事務所協会／岡山建築設計クラブ

Office DATA
事務所名／株式会社U.D.D設計
代表者／菅野憲
所在地／岡山市南区泉田1-3-10
電話／086-233-2266
ファクス／086-233-2262
ホームページ／http://uddsekkei.jp/
E-mail／sugano@uddsekkei.jp

2階洋室から寝室方向を見る。漆喰塗りの壁の白さと梁のベイマツ、柱のヒノキのコントラストが、のびやかでやさしい空間を生み出している。

有限会社住元建築研究所
高田 一

日本の古き良き伝統を生かした
感動のある住宅をローコストで実現

市井の人に寄り添う建築家

「普通の人が住む普通の家を、感動できるものにするのが地方の一建築家としての使命」と高田さん。太陽の光が差し、風が流れ、電気製品を使わなくても快適に住める家を理想とする。できるだけ自然の素材を用いて、周囲と調和した環境にやさしい建築を心掛けている。それを「少しでもローコストで」というのが信条だ。

祖父が宮大工だったことから、幼いころから住み込みの大工職人と一緒に生活していた。そのため日本の伝統的な建築様式について造詣が深く、築100年を超える古民家の再生も得意としている。ただキレイで快適なだけではなく、住んでいて何かしらの良い影響を受けるような、その家ならではの特徴を持った住まいをじっくりと丁寧に作り上げたいという思いがある。「住まいは器で、大切なのはその中身である生活。特に子どもは住まいから大きな影響を受ける」と言う。近所の連島南中学校に招かれて、体験学習で建築についての講師をするのが毎年恒例となっており、子どもたちの未来や後継者の育成、伝統技術の継承についても常に心をくだいている。

現場第一主義を貫く姿勢

普段から現場に足繁く通い、進捗を見ながら調整を繰り返している。「住まいづくりは建築主・設計者・施工業者の三者の協働作業で、設計者はオーケストラの指揮者のようなもの。誰が一番偉いというのではなく、三者で力を合わせて一つの力を結集すれば必ず良いものができる。建築主の想いを実現した家、愛着を持って長く住み続けられる住まいを、精魂を込めて作っていきたい」と語る。40年近いキャリアを持つ今も変わらず現場主義を貫く、真摯な姿勢の建築家である。

LDKの16帖の床は、カバザクラの無垢材をオイル拭きしたフローリング。2.5mある天井の右端には強化ガラスが埋め込まれており、2階のサンルームからの光が落ちてくる仕掛け。

この家の最も特徴的なスペースである2階のサンルーム。屋根にトップライトを2ヶ所設けてたっぷりと太陽の光を取り入れ、その光を1階LDKへつなぐため、床を強化ガラスにした。

北側の片流れ屋根とまねき切妻大屋根のシンプルな外観。塀は高さ1.3mで木材をスカシ横張りにしているので程よい開放感に。

東塚5丁目の家。185坪の広い土地をより開放的に感じられるよう、水平線を強調したシンプルな切妻屋根の2階建て。昔の古き良き佇まいが感じられる、深い軒を持った和風調の住まい。外壁はそとん壁のカキ落し仕上げ。

DATA
名称：大内の家
所在地：倉敷市八王寺町
構造・規模：木造2階建、延床面積115.93㎡（1階61.28㎡、2階54.65㎡）
施工期間：2012年7月～2012年12月

建築主の希望をローコストで叶える

倉敷市「大内の家」の建築主とは入院中の病院で出会ったという不思議な縁もあり、忘れられない家の一つになった。土地探しから関わり、予算のこと、将来のことも考え、すべての希望を叶えられるよう何度も練り直した。制限の多かった敷地をめいっぱい活用して、採光・断熱・収納・ロフト・車3台の駐車スペースなど、建築主の多くの要望をすべてクリア。南側に高い建物があったが、冬至の時でも日照を確保できるよう、東側を少しでも多くスペースを空けるために天空率などを計算した。結果、2階にトップライトを付けてサンルームとし、床を強化ガラスにして1階のLDKまで光が入るように工夫した。厳しい予算制約のなか、自然素材や無垢の木材の使用、左官仕上げなど、こだわりの自己理念も取り入れながらローコストで作ることができた。

高田 一（タカタ・ハジメ）
■生年／1947年倉敷生まれ
■主な仕事の実績
萩原工業里庄工場
太市の家
倉敷市茶屋町公民館
薄田泣菫生家改修
手打うどんいろ里
連島東保育園 他

■まちづくりなど建築に関連した活動歴など
倉敷・パクの会（景観）／倉敷建築みらい塾／住まい塾

■所属団体
（一社）日本建築家協会／（一社）岡山県建築士会
（一社）岡山県建築士事務所協会／岡山県保護司会連合会
倉敷南ロータリークラブ／倉敷青年会議所OB

Office DATA
事務所名／有限会社住元建築研究所
代表者／高田一
所在地／倉敷市連島5-1-48
電話／086-446-0219
ファクス／086-444-5949
ホームページ／https://jugen2017.jimdo.com/
E-mail／jugen@helen.ocn.ne.jp

株式会社エスポ建築研究所

武田 賢治

光、風、緑。環境と調和した建築に、
五感を満たす心地よさが生まれる

自然の素晴らしさを享受する空間

「どんな環境のもとに何を建てるのか。そこから設計は始まります」という武田さん。どの仕事も、この信条のもと、ゼロから築き上げていく。

江戸時代の旧家が多く残る町並みに建てられたK眼科は、町のシンボルとも言える古建築の隣に建てられた。築100年以上の風格ある建物に寄り添うよう、K眼科の外観は焼き板風の黒い壁が目を引く、"蔵"をイメージしたデザイン。正面の壁の一部をベージュ系の色にしたことで、重厚な雰囲気が和らぎ、患者が安心して来院できる親しみやすい印象に仕上がった。室内も特徴的で、診察室の中央には一間ほどのトップライトを設置。建物を細長い敷地いっぱいに施工するため壁面からの採光が少ないことが想定され、2階の一部を吹き抜けにし、高い位置から光を導くことにした。目指したのは、全体に燦々と光が降り注ぐのではなく、朝、昼、夕と異なる陰影が静かに生まれる空間だ。「時間の流れとともに光の入り方が変化していくので、太陽が昇り、沈んでいく様子が伝わってきます。自然を感じられてこそ、人の心は安らぐ。照明の画一的な明るさは物理的に快適かもしれませんが、安らぎを得ることはできません。太陽の光、風、緑。自然の素晴らしさを享受しながら利便性を追求することで、居心地のよい空間になると考えています」。

建築家として、何が残せるのか

一般の住宅であってもその姿勢は変わらない。岡山市に建てられたKS邸。庭のある南側に隣家が差し迫る立地を見て、2階のバルコニーをプライベート空間とすることを提案した。軒を深くし、目隠しと通風を両立したルーバーで囲ったバルコニーは、天候を気にせずくつろげるアウトリビングになった。「湯上りに、夜風に当たりながらビールを一杯、とかいいじゃないですか。家の内と外をつなぐニュートラルな空間があってこそ、生活はより豊かなものになると思います」。一つひとつの案件に真摯に取り組みながら、建築家として次の一手も常に考えている。現在、大学や自治体と産学連携をとり、木を接着した新建材"CLT"の研究を進めている。強度があり燃え広がりにくく、今までの木造建築と異なる可能性を秘めている。木材を積極的に使うことで国の林業も守られ、循環型の社会を目指すことにもつながっていく。建築家として何ができるのか、その追求は決して止まらない。

KS邸＝正面玄関部。2階バルコニーのルーバー部分が見える。

KS邸＝2階リビングバルコニー。

"蔵"をイメージし、黒と白のコントラストある外壁にしたK眼科。隣接した風格ある古建築と調和しながら、歴史ある街並みを守っている。

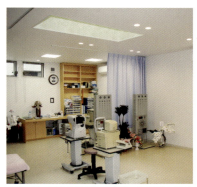

1間ほどの天窓を設けた診察室。無機質な検査機器が並び、冷たく感じる空間に、自然の光が入ることで雰囲気が和らぎ、緊張感をほぐしてくれる。

DATA
名称：K眼科医院
所在地：岡山県都窪郡早島町
構造・規模：木造　延床面積184㎡
施工期間：2015年3月〜2016年8月

玄関のスロープから待合室を通り、診察室まで直線でつながったバリアフリーの構造。車いすやベビーカーなどでも通院しやすい配慮がされている。

武田 賢治（タケダ・ケンジ）

■生年／1954年5月7日
■主な仕事の実績
W社鳥取支社
W社本社社屋
PクリニックN店　他
■所属団体
（公社）日本建築家協会
（一社）岡山県建築士会
（一社）岡山県建築士事務所協会

天窓は採光のためだけでなく、景色からも患者に心地よさを感じてもらう狙いがある。「検査の合間にふと見上げた時、青い空や、鳥が飛んでいく姿を見ることができたら、ほっと気持ちが和むだろうと思って」と武田氏。

Office DATA
事務所名／株式会社エスポ建築研究所
代表者／武田賢治
所在地／岡山市中区住吉町2-4
電話／086-273-7617
ファクス／086-273-0326
ホームページ／http://espo.ac
E-mail／espo@espo.ac

株式会社武村耕輔設計事務所

武村 耕輔

都市の中でも緑を感じられるような
自然と人間が共生できる建築を

直島の国立公園内に住宅を建てる

　施主夫妻がリタイア後に移り住みたいという直島の土地は国立公園の中にあった。園内に住宅を建てるには多々規制があり、武村さんも初めてのパターン。高松市にある環境省への日参が続いた。建ぺい率わずか20％の上、建物は敷地境界線から5m以上離れていなければならないなど、当初は茶室くらいしかできないのでは……と不安になったとか。しかし、たまたま隣の畑を譲ってもらえることになり、何とか居住スペースを確保。その後も、外壁色の制限や、屋根の形は切妻か寄棟のみ、片流れはできない、勾配は3寸以上などの細かな規制を施主の要望と一つひとつ摺り合わせながら、糸と糸をつなぎ合わせるように作り上げていった。瀬戸内海を臨む東向きの美しい眺望、周囲と調和した古民家のような建物、こだわりの和室など、施主の希望を叶えつつ、知恵を絞って手間を掛けることでコストを抑えることにも成功した。

震災で建築と自然の関係を再認識

　武村さんは学生時代、神戸で建築を学んでいた頃に阪神淡路大震災に遭う。震災の1年後に大阪の建築事務所に就職し、復興の難しさを目の当たりにした。その後、アメリカのミネアポリスで研修をしていたときNYでテロが起こった。そんな大きな出来事に遭遇したこともあり、「建築は自然の力に対抗できるものではない」と考えるように。それならば、「自然と人間がずっと共生していけるような、自然の中で環境を活かせる建物を作っていきたい。都市の中にあっても緑を感じられる建物を作りたい」と、自然と共生する建築を目指すようになった。

　2009年、岡山に戻り独立。県外での仕事も多く、国内外を飛び回る日々だ。海外では中国の青島市街地から1時間ほどの郊外にある、ビルテナントの和食レストランを設計。木をふんだんに使用して和の雰囲気を演出したが、中国人オーナーの持つ感覚や文化の違いを実感する良い経験になったと言う。「照明に使う和紙にすごく鮮やかな黄色を選んできたので驚きましたが、現地の人が考える和の解釈を取り入れるのもアリかなと」と柔軟な姿勢を見せる。現在は、大阪でホテルを建設中。住宅から大規模施設までさまざまな建物にチャレンジしているが、「同じことだけをしていても成長していかないので、今のうちに経験できることは何でもしていきたい」と語る。柔軟な発想と積極的に学ぶ姿勢が爽やかな武村さんの、今後の活躍が楽しみだ。

壁・天井に通常は下地に使う構造用合板に塗装をかけて、木目を強調する仕上げにした1階リビング。木目を活かしつつ、独特のモダンな雰囲気を演出する。

正面をベンガラ色の壁紙でしつらえた2階廊下。壁の木目模様とのコントラストで客人を招き入れる。

2階への階段は、通常より緩やかな傾斜に。手すりは間柱に使う材料を現場にて加工した。

朝焼けの光が障子窓から差し込む2階の和室。両面に障子を張る太鼓張りで、柔らかな光が入る。壁には和紙クロスを張り、床の間もあるこだわりの空間になった。

真庭市立美甘小学校（前事務所にて担当）＝1階はRC造で半地下状に埋めこみ、2階部分を木造とした。地域の木材を多用し、公立学校優良施設表彰、文教施設協会協会賞を受賞した。　　　　　　　撮影：稲住泰広

新築でありながら古くからそこにあったかのように周囲に馴染んでいる。外壁には焼き杉を使用。高台にあり、東側には瀬戸内海も臨める素晴らしい眺望。

DATA
名称：南無庵
所在地：香川県香川郡直島町
構造・面積：木造2階建、延床面積184.57㎡（1階：91.13㎡、2階：93.44㎡）
施工期間：2015年5月〜2016年2月
撮影：冨岡誠

武村 耕輔（タケムラ・コウスケ）
■生年／1972年岡山市生まれ
■主な仕事の実績
南無庵（住宅）
（株）トラスト新社屋（事務所）
（株）ナンノ宮崎工場増築工事
Nホテル新築工事（簡易宿泊所）
中国青島・膠州市／和食レストラン「皐月」
真庭市立中和小学校（※前職にて担当）
真庭市立美甘小学校（※前職にて担当）

■所属団体
（公社）日本建築家協会
（一社）日本建築学会
（一社）岡山県建築士会
（一社）岡山県建築士事務所協会

Office DATA
事務所名／株式会社武村耕輔設計事務所
代表者／武村耕輔
所在地／岡山市南区西市108-3　2F西
電話／086-241-3327
ファクス／086-805-6061
ホームページ／http://takemura-archi.com
E-mail／info@takemura-archi.com

薪ストーブを囲めるリビング。窓を広く取りながら、庭木でプライバシーをしっかり確保。四季折々の花や鳥たちのさえずりを楽しみながら過ごせる。

テラクリエーター1級建築士事務所
てらこしのりひと

建築家と工務店の技術を結集。薪ストーブを取り入れた住まいづくり

薪ストーブの暖気が広がる暖かい家

　江戸時代に建てられた歴史ある建築物が軒を連ねる、岡山市北区の足守町並み保存地区。てらこしさんは「生活の中に薪ストーブを取り入れたい」という施主からの依頼を受けて、この地区にある中古住宅をリノベーションした。施主との打ち合わせを重ねて導き出されたコンセプトは、"家全体に薪ストーブの暖気が行き渡る暖かい住まい"。元々リビングだった場所に薪ストーブを設置し、周囲の床を掘りごたつのように下げて、みんなで火を囲める団らんスペースを設けた。さらに天井を吹き抜けにし、暖気を2階にも取り入れられるようにした。

　できるだけ経費を抑えたいと言う施主に、素材や空間など使えるものはできる限り生かすよう提案。廻り廊下の中心にあった和室は、天井の化粧板だけはそのままに、壁や畳を撤去してリビングと一体化することで、大容量の収納を備えた広々とした空間に生まれ変わらせた。

　県が指定する町並み保存地区のため、外観は既存の状態を保つ必要があり、構造的な不具合は、内部の壁を補強することで対応。工事を最小限に抑え、和と洋を融合しながらも統一感のある空間が完成した。

独立をきっかけに一般住宅を手掛ける

　てらこしさんが一般住宅を手掛けるようになったのは、2009年に独立して以降。それまでは主に公共建築物を手掛ける岡山市の「やなぎ設計事務所」に所属していた。当時は複数の事務所が連携して設計を行う"ジョイントベンチャー"などに参加し、公共建築物の設計に携わったという。「段取りやスケジュール組みなど、県や市の担

リビングにある大容量の収納棚。この場所は、かつて和室の押入れだった空間。大量のCDや書籍などを収納している。

建具をあえて裏表逆に取り付ける。空間デザインにアクセントを加えた手軽なリノベーション。

岡山県指定の町並み保存地区内のため、外観は既存の状態を維持している。

DATA
名称：いかす家
所在地：岡山市
構造・面積：木造（リノベーション）、140.452㎡
施工期間：2013年3月〜5月

キッチンからダイニングへは、一間続きの開放的な空間となっている。リビングと同じく壁全体にオープンの棚収納がある。

当者との打ち合わせから、建物の完成までを一貫して担当できたことが、独立してからもすごく役に立っている」と当時を振り返る。

独立後間もなく、工務店と建築家、施主の三者でつくるプロジェクトチームMON-be-run（モンブラン）をスタート。建築家が持つ自由な発想のデザインと、工務店の施工技術やコストパフォーマンスの良さを結集し、施主家族の生活スタイルや周辺環境に合わせた提案で満足度の高い住宅づくりを実現している。

「個人住宅の施主は人生の一大イベントとして家を建てるので、公共建築の場合と比べて打ち合わせの中身がずっと濃い。施主によってこだわりが違ったり、アバウトな要望を建築でカタチにするところが面白いですね」と住宅ならではのやりがいを笑顔で語ってくれた。

てらこしのりひと

■生年／1970年1月7日
■主な仕事の実績
奏でる家／『いい』家
木輪の家／いかす家
おかあさん家／七福神の家
九十路の家／集う家
■まちづくりなど建築に関連した活動歴など
岡山県建築士会CF21部会

■所属団体
（公社）日本建築家協会
（一社）岡山県建築士会

Office DATA
事務所名／テラクリエーター1級建築士事務所
代表者／てらこしのりひと
所在地／岡山市中区高屋183-1-5
電話／080-4264-0083
ファクス／086-266-6250
ホームページ／http://www.terracreator.jp/
E-mail／terakoshi@black.megaegg.ne.jp

有限会社中桐建築設計事務所

中桐 愼治

地域の魅力を生かした価値を加味し、「＋1（プラスワン）」の感動を届けたい

クライアントのイメージを大切に

1960年創業。半世紀以上に渡る経験と実績をもとに、設計監理を中心に調査・企画・コンサルティング業務を行う中桐建築設計事務所。2代目社長を務める中桐さんは地元の専門学校を卒業後、大手工務店に入社。現場で専門の技術や知識を身に付けた。そして、35歳の時に先代である父親の跡を継ぐことに。幼き頃より、働く父親の姿を見て育った中桐さんにとって、建築家になることは「とても自然な流れだった」そう。

岡山県倉敷市を拠点に、商業ビルから工場、病院、一般住宅まで幅広く手掛けている中桐さん。仕事の中で大切にしているのは、「過去の事例や経験に囚われることなく、発展させるべきものを見極め、地域の魅力を生かしたさらに新しい価値を提示していくこと。そして、お客様に何かもう一つ、独自のアイデアを提案することで＋1（プラスワン）の感動を届けたい」と話す。

その思いをしっかりと詰めこんだのが、全国展開する大手企業の「アズビル株式会社アドバンスオートメーションカンパニー 水島営業所」の新築事業だ。自然災害が懸念される昨今だけに、この事業では耐震強度が問題となる旧事務所の耐震改修工事の検討と同時に進められた。他社からはコストパフォーマンスを重視した提案があったものの、建物に求められる機能や予算を意識しながら、デザイン性や地域性、居住性を大切にした提案がクライアントの心に響き、見事採用された。中でも、目を引く外観には企業のイメージカラーである赤色を取り入れ、印象的に仕上げた。建物を箱としての役割だけでなく、企業のイメージアップや社員の働きやすさも考慮した新事務所は、社員や周囲からの評判も上々だ。

「耐震」に関する意識を高めたい

耐震対策への意識が高まりつつある近年、地域の木造住宅の耐震診断や耐震改修工事の普及にも力を注ぐ。2009年には、国土交通省が公募した「住宅・建築物耐震改修モデル事業」で、「既存建築物の性能を総合的に向上させるモデル性を有する」として評価を受け、事務所の耐震改修およびリフォームを実施。その後開いた構造・完成見学会では過去の災害事例と共に耐震補強の必要性を説いた。さらに、岡山県木造住宅耐震診断評価委員会の副委員長を務め、定期的に講習会も行っている。「耐震に関する意識向上や耐震知識の習得を計ることで、住宅の所有者や居住者に安心・安全な暮らしを提供したい」。

倉敷市のY邸＝外観。中桐さんの父親の代からの付き合いがあり、景観と馴染む純和風の邸宅は耐震補強工事やリフォームも行っている。左奥にある2階建ての住まいも中桐さんの設計によるもの。

社会福祉法人聖華会聖華保育園＝岡山県浅口市鴨方町。洋館をイメージした外観（写真上）。天使の像と噴水が目を引くエントランス。子どもたちが穏やかな気持ちで登降園できるように配慮（写真下）。

事務所内の会議室はダークブラウンと間接照明を組み合わせた落ち着きのある空間。また、商談室は壁一面とカーペットの色を部屋ごとに変えるなど、用途に応じて雰囲気を変えている。

991.70㎡もの広さを誇る工場の内部。大切な製品を傷付けないようにとの配慮から、床面はあえてフローリングで仕上げている。随所に窓を設け、開放的で作業しやすい雰囲気も魅力だ。

企業のイメージカラーである赤色をルーバーに採用した外観。客人のみならず、近くを往来する人にも会社のイメージを定着させる役割を担う。広々とした駐車場の確保も車移動の多い地域ならでは。

DATA
名称／アズビル株式会社アドバンスオートメーションカンパニー 水島営業所
所在地／岡山県倉敷市
構造・規模／鉄骨2階建て、延床面積2054.15㎡
施工期間／2013年7月～2014年2月

中桐 愼治（ナカギリ・シンジ）

■生年／1968年11月23日

■主な仕事の実績
笹沖保育園／新田保育園／有限会社岡本製作所／高齢者専用賃貸住宅／ふるーるふなほ倉敷の家／倉敷の山間の家／瀬戸大橋の見える家　他

■受賞歴など
ケイミュー施工事例コンテスト2015 ROOGA部門賞

■まちづくりなど建築に関連した活動歴など
岡山建築設計クラブの活動

■所属団体
（公社）日本建築家協会／（公社）日本建築積算協会／（一社）岡山県建築士事務所協会／（一社）岡山県建築士会／岡山建築設計クラブ／緑のネットワーク

Office DATA
事務所名／有限会社中桐建築設計事務所
代表者／中桐愼治
所在地／倉敷市船穂町船穂1444-1
電話／086-552-4141
ファクス／086-552-4143
ホームページ／http://www.nakagiri-archi.co.jp/
E-mail／nakagiri@nakagiri-archi.co.jp

地元で親しまれた老舗の薬問屋の外観と名前を残し、内部を新しい生活デザイン情報の発信基地としてまちなみに再生した「林源十郎商店」。

倉敷建築工房・有限会社楢村徹設計室
楢村 徹

今までにない新しい仕掛けづくりで、古きよきまちに新たなにぎわいを創出

故郷への想いが導いた古民家再生

『林源十郎商店』に『奈良萬の小路』、そして『クラシキ庭苑』…。倉敷の新名所として注目される施設が、作品実績にずらりと名を連ねる。楢村さんが古民家再生を主軸とする倉敷のまちづくりに取り組みはじめたのは、1981年に事務所を立ち上げて間もなくのこと。現代住宅の在り方を模索しようと地元の民家・集落を眺め歩いたが、歩けば歩くほど見慣れたまちの様子に否応のない違和感を覚えた。昔ながらの木造家屋が無造作に取り壊され、他方では無国籍な新建築が次々と出現。無秩序に一律化した景観に浸食されるさまに、故郷のアイデンティティーが失われていく気がした。「都会には都会の、地方には地方のあるべき姿がある。倉敷で建築をやるなら、東京や大阪の都市づくりとはまったく違う手法でなけれ ば、と思ったんです」。そして同志とともに「現代民家を考える会（旧・文化としての住宅を考える建築家の会）」を設立。施主の依頼に応え、古民家再生に取り組みはじめた。

自立的ににぎわう仕組みづくりを

しかし世の中はバブル真っ只中。当時、楢村さんたちに賛同する人はほとんどいなかった。「新築の仕事なんていくらでもありましたから。わざわざ古いものに手を入れて何になるんだと、随分白い目で見られたものです」（楢村さん）。それでも楢村さんは経験の蓄積を故郷に着地還元させようと、古民家や老舗旅館にといっそう取り組みを拡大。手掛けた店に次第に人が集まりはじめると、周囲の意識も好転し、その知恵とノウハウを頼って「空き家を何とかしたい」「にぎわいづくりの拠点をつくりた

新たな仕掛けとして敷地内に路地を埋め込み、まちの導線構造に新たな価値を生み出している。

DATA
名称：林源十郎商店
所在地：岡山県倉敷市阿知2-23-10
構造・規模：木造・地上3階建
竣工：2011年7月〜12月

江戸期の老舗旅館と邸宅を改装した複合飲食施設「奈良萬の小路」、長年親しまれてきた景観の質上げを図り、記憶に新しい質を付加することに成功した。

「奈良萬の小路」の仕掛けのひとつとして埋め込まれた敷地内奥に通された路地。空間に新たな魅力となる奥行きが生まれた。

土産物屋以外で地元と来訪者との交流を生み出した美観地区メイン通りのシェアーショップ「クラシキ庭苑」。

い」といった依頼が方々から舞い込むようになった。

楢村さんにようやく時代が追い付いた形だが、「まだ十分ではない」と楢村さん。「地域の活性化には、今までにないものを投入して、それを起爆剤に連鎖反応の仕組みをつくることが一番重要です。でも、そのカタチのないプロセスを仕事として評価する体制が今はまだない。今後の担い手が育つ土壌がないんです」と懸念する。見据えるのは、自立的ににぎわうまちづくりだ。「幸い、旧い町並みが数多く残る倉敷には既に大勢の観光客が訪れています。でも単なる観光地で終わらせては、まちづくりが成功したとは言えない。地元の人が日常的に訪れ、その地域の中でにぎわいが生まれてはじめて真に活性化したと言える。その意味で私は倉敷を日本一のまちにしたいんです」。楢村さんの挑戦は、まだしばらく続きそうだ。

楢村 徹（ナラムラ・トオル）

■生年／1947年9月2日

■主な仕事の実績
【建築】林源十郎商店／奈良萬の小路／クラシキ庭苑／クラシキ・クラフトワーク・ビレッジ／ゲストハウス・くらしき伝　他
【著書】「古民家再生術」共著（住まいの図書館）／「倉敷からの発信」（秋山書店）／「民家は甦る」作品集（建築思潮研究所）

■受賞歴など
建築学会賞・業績賞（古民家再生工房）／福武文化財団・大賞（古民家再生工房）／JIA環境建築賞・大賞／建築学会中国建築文化賞／JIA中国建築大賞・特別賞　他

■まちづくりなど建築に関連した活動歴など
古民家再生工房／倉敷市中心市街地活性化事業タウンマネージャー／広島大学客員教授　他

■所属団体
（一社）日本建築学会／（公社）日本建築家協会／（一社）岡山県建築士会／倉敷ロータリークラブ

Office DATA
事務所名／倉敷建築工房・有限会社楢村徹設計室
代表者／楢村徹
所在地／倉敷市東町1-3
電話／086-435-2020
ファクス／086-435-2021
ホームページ／http://www2.kct.ne.jp/~nrmr/
E-mail／naramuraarchistudio@nifty.com

(写真左)室間に間口を多く設けることで、抜け感と広がりが感じられる空間になっている。(写真右)上り天井と床面には質感の異なる2種類の無垢材を使用。クールな印象のステンレスキッチンとのコントラストも美しい。

株式会社丹羽建築設計事務所
丹羽 雅人

日本伝統の高度な手法や知恵を、現代建築の中へ継承していきたい

父親と同じ建築家の道へ

　祖父は大工、父親は建築家という家族に囲まれて育った丹羽さん。物づくりが得意だったことに加え、「父親が毎日楽しそうに仕事をしている姿を見ていたので、自分も同じ職業に就けるのなら」と考えた丹羽さんは、建築家を目指すべく神戸大学工学部環境計画学科へ進学することに。大学卒業後は大阪の設計事務所勤務を経て岡山へ帰郷。父親が立ち上げた「株式会社丹羽建築設計事務所」へ入所してからは父親の右腕となって働き、事務所を支える大きな存在になっていった。

　その当時丹羽さんが担当していたのは、県知事の発案でスタートした「クリエイティブTOWN岡山」事業。これは、「くまもとアートポリス」の手法を出発点として1990年代から始まり、全国的に活躍する建築家たちと共に公共施設を設計し岡山のまちづくりを進めていったもの。丹羽さんにとっても貴重な経験になったという。そして、2008年に父親の跡を継ぎ、現在では大規模なオフィス、消防署や学校などの公共施設を中心に、もともと好きで得意だった一般住宅にも心血を注いでいる。

日本古来の伝統技法に魅せられて

　小学生の頃に修学旅行で訪れた世界遺産・二条城の外観にとても感動した丹羽さんは、それからというもの日本建築に興味を抱くように。大学在学中も日本建築史の研究室に進み、時折京都や奈良を訪れては歴史のある神社仏閣や民家などを見て回っていたのだとか。「日本伝統の建築物のデザインには、日本特有の気候風土や自然環境の中でどうやって快適に過ごすのかという、先人たち

町並みに調和するように、外観には漆喰や焼杉板などの自然素材を多用しながらも、内部は住まう家族の好みに合わせたモダンな雰囲気に仕上げている。

土間玄関の右側に客間として重宝する離れ（洋室）を、左側には居住スペースを設け、空間をうまく使い分けている。

DATA
名称：庭瀬の家
所在地：岡山県岡山市北区
構造・規模：木造2階建て、89.70㎡
施工期間：2008年7月～2009年1月

岡山市中消防署＝岡山県岡山市中区。横長窓と仕上げを三層に貼りわけた外装、木質のあたたかみを取り入れた内装により、市民に親しみやすい消防署を実現した。また、エントランスの一部に赤色を取り入れることで、一目で消防署とわかる工夫も。

ダイヤ工業株式会社新社屋＝岡山県岡山市南区。「蜂谷工業一級建築設計事務所」を中心に、デザインを担当。エントランス部分は1階から4階まで吹き抜けにし、ビル全体のつながりを表現。オフィス以外にカフェやアンテナショップ、スポーツジムも入居している。

の知恵や技がいっぱい詰まっています。たとえば、自然素材の使い方や開口部の高さなど、どれをとってみても暮らしやすく、理にかなっているのです」と話す。

　昔ながらの町並みに建つ「庭瀬の家」にも、日本伝統の素材や手法が用いられている。外観は漆喰や焼杉板、格子を使い、町と調和する和の佇まいに。内部には無垢材を多用することで、歳月を重ねるごとに深みや愛着を増す空間に仕上げた。さらに、開放感をもたらす上り天井と吹き抜け、スキップフロアを生かした空間設計により、坪数以上の広がりと心地良さを実感できる住まいとなっている。丹羽さんは、「日本建築の良さを再評価して、現代建築に上手く取り入れながら、次世代にも引き継いでいけるデザインを考えていきたい」と、これからの建物づくりにかける思いを熱く語ってくれた。

丹羽 雅人（ニワ・マサト）
■生年／1971年10月6日
■主な仕事の実績
御津町郷土歴史資料館
おおさ総合センター
就実大学E館
吉備公民館
■まちづくりなど建築に関連した活動歴など
リノベーションスクール参加
中国デザイン専門学校非常勤講師
■所属団体
（公社）日本建築家協会／（一社）岡山県建築士会／（一社）岡山県建築士事務所協会／エコハウス研究会

Office DATA
事務所名／株式会社丹羽建築設計事務所
代表者／丹羽雅人
所在地／岡山市北区内山下1-4-21
電話／086-226-1135
ファクス／086-222-7435
ホームページ／http://www.niwa-archi.com/
E-mail／niwasekkei@niwa-archi.com

備前市にある「長法寺」の薬師堂。中は畳敷きで木材を格子状に組んだ格天井。屋根には、岡山の建築らしい桃の瓦がのっている。

花田建築設計事務所
花田 則之

歴史を受け継ぎ、見守っていく。
思いやりのある建築で郷土を支える。

　寺院や神社の改修工事や新築を多く手がける花田さん。「寺社の建築にはさまざまな作法があります。その作法に従いながら自由に設計できる部分に、いかに個性を表現していくか。それが寺社の建築における難しさであり、醍醐味でもあります」と語る。

　備前市伊部にある「長法寺」薬師堂の新築施工には3年を要した。どこの寺社でも檀家さんや氏子さんの存在が大きく、宗派によって建物の作法が異なるケースも少なくない。施主と共に詳細を確認しながら作業を進めていくため、一般建築に比べてかなり時間がかかるという。

　古い寺の木材を再利用して建築することが多いなか、全く新しい木材を使った「長法寺」の新築は、花田さんにとって恵まれた環境での仕事だった。「長法寺」は備前市の文化財に指定されている。以前に勤務していた事務所で公共建築を経験していたため、提出書類の作成などには慣れていたものの、大きくカーブを描いたひさしなど、細部の綿密な調整には、日々現場で職人さんとともに苦労したという。「寺社の設計のポイントは、建物に対する屋根の大きさや柱の長さなど、全体のバランスをとることです。平屋造りなので、あまりひさしが短いと建物自体が薄っぺらい印象になる。そこで軒を長めに設置してバランスの取れたデザインを意識しました」。

　薬師院の建具には障子を使わず、格子戸にガラスを入れ、御開張のときは外からでもご本尊が見えるよう設計。また、通常は40〜50年が寿命といわれる瓦には、何百年も維持していく寺のために、高温でよく焼き締まった水を吸い込みにくい瓦を使用しているのも特徴だ。

　「寺社など、この先も長い歴史を刻んでいく建物は、建

軒を長めにとることでバランスが取れ、どっしりと落ち着いた印象に。

改修工事を行った「法泉寺」。白い洋風の建物が印象的。

備前市指定文化財の長法寺本堂の修復も手がける。

「西願寺」の改修工事。屋根の破風の中央に下げた棟飾り(懸魚)で華やかさを持たせた。

DATA
名称：長法寺
所在地：備前市伊部
構造・面積：木造平屋建て　延床面積66.3㎡
施工期間：平成24年12月～平成26年3月

てて終わりではありません。手入れなどこれからが大切」。そこには、郷土の文化を継承する重み、花田さんの仕事に対する誠実さと覚悟が感じられる。

地元密着型で、幅広くまちづくりに関わる

花田さんは地元密着型を目指し、独立に際し出身に近い和気町を選んだのだそう。地域の特性や土地柄などをよく把握しているからこそできることは多い。独立して初めて請け負ったのも、利用者の顔が見える吉永町のデイサービスセンターの仕事だった。寺社の建築を手がけるようになったきっかけも、この地域での人とのつながりが大きい。住宅の場合も木造の日本建築を多く手がける花田さん。目的や状況に適した建築で、地元のまちづくりにおいて幅広い活躍が期待される。

花田 則之（ハナダ・ノリユキ）

■生年／1953年岡山県佐伯町生まれ

■主な仕事の実績
吉永町デイサービスセンター
佐伯町コンベンションホール
里の茶屋
父井原コミュニティハウス
鶴の里クリニック
吉井川ふれあいセンター
八塔寺山荘

■まちづくりなど建築に関連した活動歴など
文化財審議委員

■所属団体
(社)日本建築家協会
(社)岡山県建築士事務所協会
(社)岡山県建築士会
設計サークル金曜クラブ

Office DATA
事務所名／花田建築設計事務所
代表者／花田則之
所在地／和気郡和気町衣笠158-4
電話／0869-93-3408
ファクス／0869-93-3409
E-mail／hanada-k@yacht.ocn.ne.jp

南西外観　南西方向に緩やかに下る丘陵地に顔を向け、室内から軽井沢らしい景観を楽しめる。

北外観。

パノラミックな眺望。

室内には天窓から光が漏れる。

岡山理科大学工学部建築学科 平山研究室
平山 文則

スケッチにより利用者とのコミュニケーションを図りながら設計を進める

スケッチは設計チームのベクトル合わせのツール

　組織設計事務所時代は大規模案件を数多く手がけた。繁忙期には超高層ビルを同時に3件進めたこともある。設計に関わる多くのメンバーと質の高い建築を創り上げることは、やりがいがあり、達成感も大きい。反面、規模に比例して施主や周囲の期待も高く、設計に着手すれば竣工まで5〜6年は事務所と現場を行き来し、年中旅を繰り返している状況で、「質を保ち、チームのベクトルを揃えるだけでも時間と気苦労がかかる」日々だったそうだ。そんな中、思いついたのがスケッチによるベクトル合わせだと言う。スケッチは思い立った時すぐにアイデアを記録でき、施主も含め、関わる人々に具体的な意図を伝えることができる、合意形成に欠かせないツールに育っていったと言う。

利用者参加型設計への展開

　スケッチの効用は手軽さだけではない。例えば、劇場・ホールなどでは、利用者意向を明らかにし、満足度を高めるため、参加型設計手法の採用が多いが、提示"図面"にスケッチは効果的だ。CAD図は、一般の人々には"完成図"と映る。利用者参加と言いながら、実は計画内容が固まっているのでは？と勘繰られる恐れがある。一方、手描きスケッチは、改善の余地を残した"未完成図"と映り、意見出しに好都合である。

　一般に、建築設計は設計者の頭の中で進められ、作図された図面にその痕跡が残るに過ぎず全貌を捉え難い。しかし、スケッチは設計プロセスを補完し、設計者意図を伝えやすく、利用者の発言意欲を高めながら、ユーザー目線に立ったものづくりが実現すると言う訳である。

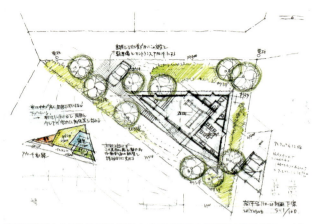

隣地や道路からの後退制限が厳しい中で三角形の異形狭小敷地を目いっぱい使う平面形。

構想から実施・監理段階まで書き溜めたスケッチは300枚くらいあり、現場の大工さんへの意図説明用に製本配布して利用。ちなみに確認申請図も手書きスケッチで対応。

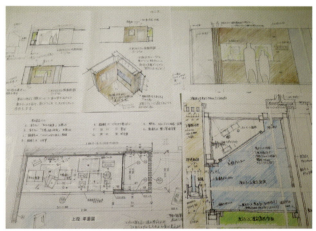

三木行治ギャラリーの企画・構想から実施・監理まで、書き溜めたスケッチは100枚くらいあり、遺品の選定、展示方法まで幅広い。

岡山県医師会館 三木行治ギャラリー＝県医師会の依頼で設計監修を行った新会館（2016年2月竣工、延床約5,000㎡）の2階に設けられた医師である元岡山県知事 三木行治氏の功績を顕彰するギャラリーで、数十点の遺品を展示棚下に収容できるユニークな「ミニ博物館」。

DATA
名称：南平台のアトリエ
所在地：長野県北佐久郡軽井沢町長倉
構造・規模：木造・72.34㎡
竣工：2016年6月～12月

地方の質の高さを活かしたものづくり

　30年間過ごした組織事務所から独立し、小さな事務所と大学での教育・研究に軸足を移した理由もそこにある。「大都市での設計は規模と量において圧倒的です。しかし、ものづくりの"質"は、過剰なスピード、コストパフォーマンス、競争に左右され、必ずしも大都市優位とは言い切れません。住み手、使い手の意図を活かしたものづくりは、むしろ地方都市が勝っていると思います」と言う。
　その言葉の奥には、数多くの建築を世に送り出してきた深い洞察力と、更なるものづくりへの探究心が共存する。根っからのプレイヤータイプだが、後進の育成にも意欲と期待を寄せる。「岡山にはオールマイティな建築家を育てる環境がある。日本を代表する建築家が、きっと輩出されるはずです」。

平山 文則（ヒラヤマ・フミノリ）

■生年／1955年12月29日

■主な設計実績
【組織事務所時代】仙台市宮城野区文化センター（2012）／下松市市民交流拠点施設（2012）／八王子市民会館（2010）／日進市西部福祉会館（2008）／高松市文化芸術ホール（2004）／NHK大阪放送会館・大阪歴史博物館（2001）／朝日放送（2008）／稲毛の家（1995）
【独立後】南平台のアトリエ（2016）／岡山県医師会館三木行治ギャラリー（2016）

■受賞歴など
1996年 第9回千葉市優秀建築賞（稲毛の家）／2006年 第10回公共建築賞（大阪歴史博物館）／2008年 第11回公共建築賞（サンポート高松）／2009年 グッドデザイン賞（朝日放送）／2010年 愛知県人にやさしい街づくり賞（日進市西部福祉会館）／日本建築学会作品選集／日本建築家協会優秀建築選　他

■所属団体
（一社）日本建築学会／（公社）日本建築家協会／（一社）岡山県建築士会

Office DATA
事務所名／岡山理科大学工学部建築学科 平山研究室
代表者／平山文則
所在地／岡山市北区理大町1-1
電話／086-256-9635
ファクス／086-256-9635
ホームページ／http://www.archi.ous.ac.jp/~hirayama/
E-mail／hirayama@archi.ous.ac.jp

NEWTRAL DESIGN 一級建築士事務所
福森 英樹

様々な角度から見て視野を広げる、家族の将来を見据えた家づくり。

アイデアと技術を積み重ねて作る、快適な空間

福森さんが手掛けた「nakaniwa」は、両親とその息子夫婦が住まう二世帯住宅。分譲地で周囲が住宅に囲まれているため外壁を敷地ギリギリまで広げ、中庭から光を取り込む方法を採用した。中庭はテイストの違うものを3つ作り、どの部屋にも明るい光が差し込む間取りとなるよう工夫。とくに共有スペースである1階のキッチンにはたっぷりと光が降り注ぎ、床を下げて土間風に仕上げることで天井が高く、広々とした空間を演出している。

両親と息子夫婦の生活リズムが異なるため、互いが遠慮しなくてすむよう、1階奥に両親の部屋、2階に息子夫婦の寝室を設けて十分な距離を保ち、出入りのある玄関を中央に配置した。1階の共有リビングとは別に、息子夫婦だけの時間が過ごせる空間として、2階にもプライベートリビングを配した。リビングの先には大きなバルコニーを設け、息子さんがゴルフの練習をできるほどの広々としたスペースになっている。

「施主家族のライフスタイルから生まれるさまざまな意見を一つに合わせることが難しかった」と話す福森さん。家族の将来のことを考え、世代が変わっても不自由なく過ごせる家を完成させた。

多様性を受け入れてくれるニュートラルな空間づくりを

大阪の専門学校で建築を学んだ福森さんが卒業後の仕事先にと選んだのは、故郷である岡山。設計事務所などで住宅設計や現場監督を経験し、スキルを磨いた。そして、39歳の時に独立。その後押しとなったのは、海外で一流の建築に触れたことが大きい。さまざまな土地の建築を見て回った時、その格好良さに感銘を受け、この世界にのめり込んでいったと言う。住宅において、住人の思いを受け入れる寛容な空間づくりを目指し、常に既成概念に囚われることなく"新しいもの"を取り入れ続ける福森さん。これからも「本質的に必要とされるものを、普遍性を持った建物を作っていきたい」と意欲的だ。

「食事や就寝といった目的に合わせた空間ではなく、何をしても受け入れてくれるようなニュートラルな空間が理想です。家に帰ってくるだけで自然と心のスイッチが切り替わるような、おおらかさのある空間をこれからも作り続けていきたいですね」と、自身が手掛ける家について語ってくれた。

中庭から明るい光が差し込む土間風のダイニングキッチン。壁一面に収納を備え、シンプルで使い勝手の良いスペースに。

広い玄関ポーチ。左側にはガレージがあり、夜はガラス越しに愛車を眺めることができるフロアに変わる。

家の中央に位置する中庭に植えられたシンボルツリー。季節ごとに違った表情を見せる。家の中に居ながら我が家の外壁が見える家づくりは、福森さんのこだわりのひとつ。

厚みのある外壁を斜めにカットすることでシャープさを強調し、シンプルな外観を際立たせている。

DATA
名称：nakaniwa
所在地／岡山市南区妹尾
構造・面積／木造2階建て、193.61㎡
施工期間／2015年7月〜2016年2月

2階のリビングの先には広いオープンテラス。バーベキューやゴルフの練習などさまざまな用途に応える。

開放的な1階のリビング。部屋に囲まれた家の中心部でありながら、明るく風通しが良い。

福森 英樹（フクモリ・ヒデキ）

■生年／1973年12月9日
■主な仕事の実績
はたらきかたシェアサロン
T-HOUSE／MO-HOUSE
I-HOUSE／K-HOUSE
RISTORANTE O'GUSTA
KA-OFFICE／H-OFFICE
■所属団体
（公社）日本建築家協会

Office DATA
事務所名／NEWTRAL DESIGN一級建築士事務所
代表者／福森英樹
所在地／岡山市北区内山下2-6-11 303
電話／090-7373-8988
ファクス／086-238-8281
ホームページ／http://www.newtral-design.com/
E-mail／fukumori@newtral-design.com

有限会社ケイ・エフ設計

藤田 佳篤

全国トップクラスの岡山県産材を使用して
新しい木造建築の可能性を探る

岡山県産材と先進的な木造技術を融合

　岡山県はヒノキの生産量で2012年から4年連続全国1位を誇り、製材技術も非常に高く、その品質は全国でもトップクラスといわれている。そんな良質な岡山の木を使って岡山の気候風土に合った建物を作ろうというグループ「おかやま緑のネットワーク」の代表を務めるのが藤田さんだ。「国産材は高価なイメージを持たれがちですが、地産地消で流通コストを抑えれば良質な材料も比較的安価で手に入ります。今、県北の木材が関西や関東、海外へ流れてしまっているので、身近に質の高い材料があるということにもっと気付いてほしいですね」と語る。藤田さんは、木の欠点とされている燃えやすさや腐りやすさを解消した、新しい木造技術の可能性を追求し、木の消費拡大に努めている。

　藤田さんが手掛けた物件の中には、岡山県下で初の試みとなった建築物もある。それが、耐火構造で木材を外壁に貼った木造建築だ。構造材の見えがかりに桧を使い、内装の仕上げにも木を極力見えるようにすることで、木のやさしさと温もりのある空間を演出した。省エネ建築を目標にした太陽熱（OMソーラー）を採用し、空気を建物全体に循環させることで、快適な温熱環境と空気質環境を実現させた。

　晴れの国である岡山の気候に合わせ、昔ながらの深い軒やひさしで日当たりや風雨をコントロールすることも同時に行っている。また、岡山県産の漆喰や珪藻土、柿渋塗や手漉き和紙などの伝統材も積極的に活用し、なるべくその地域に近い自然のものを使うことで、土地の風土に馴染んだ建物になるよう心掛けたという。

古家、空き家の利活用も今後のテーマのひとつ

　藤田さんは建築士仲間で「AKI研岡山」（空き家研究会）を結成し、空き家を住宅の他、地域のコミュニティの場として利活用しようという提案も行っている。

　「建物も町も使い捨てるのではなく、サスティナブルな循環型の社会にシフトしないと」と語る藤田さん。日本の気候風土にあった木造建築なら、建物の構造体がしっかりしてさえいれば、経年による劣化にもカルテを作ってどこにどんな手を入れたか記録し、それを基に仕上材や構造体の一部を変えるだけで長く使い続けることができるという。

　「日本は古くから木の文化だったので、日本人のDNAには木を好ましく思う気持ちが組み込まれているはず。また、木がある空間で暮らしていると健康でいられるという調査結果も報告されている。木造建築は地球温暖化を防ぎ、自然環境の保全や森林再生にも繋がるので、もっと木の利活用を進めていきたいですね」

築後120年経った古民家の耐震改修リフォーム。集落の景観を大切にしながら、できるだけ地域の木材や珪藻土、柿渋塗、手漉き和紙や瓦などの材料を使用した。断熱性の向上を図り、薪ストーブを設置して寒さ対策も行っている。

防火地域である町の中心地に建つ3階建ての木造耐火建築。壁やベランダに木を施し、町の中に森をつくるイメージとした。

エントランスホール。県産材は桧と杉を使用。柿渋塗でアクセントを付け、来客をあたたかく迎える。

木のぬくもりが感じられるオフィス。木造空間はやさしくて調湿効果もあり、心身が安定して快適な事務作業が期待できる。

木造で外壁耐火仕様の建物は岡山県下では初。新しい木造技術の試みによる準耐火構造で、深い軒と自然エネルギーを利用した大きな屋根は外壁の経年劣化対策にも繋がる。

DATA
名称：日進測量 本社屋
所在地：岡山市中区清水366-2
構造・面積：木造（準耐火）　延べ面積559.0㎡
施工期間：2014年10月～2015年3月

藤田 佳篤（フジタ・カトク）

■生年／1950年3月19日

■主な仕事の実績
竜操整形外科病院／木造耐火 大供の家／住宅の長寿命化（耐震・省エネ）リフォーム（10棟）／次世代型岡山の家／OMソーラー住宅（8棟）

■受賞歴
高齢者の暮らしやすい住宅優秀賞
みんなで住む町、住まい方アイデア最優秀賞
第1回おかやまUDたてものコンテスト優秀賞

■まちづくりなど建築に関連した活動歴など
JIA認定登録建築家／日本建築士会連合会まちづくり専攻建築士／岡山ヘリテージマネージャー／古家・空き家の利活用 AKI研岡山／県産材を使う おかやま緑のネットワーク代表／CLT研究開発委員／建築士会インスペクター登録

■所属団体
（公社）日本建築家協会／（一社）岡山県建築士事務所協会／（一社）岡山県建築士会／NPO法人 まちづくり推進機構岡山

Office DATA
事務所名／有限会社ケイ・エフ設計
代表者／藤田佳篤
所在地／岡山市北区厚生町2-13-8
電話／086-231-2377
ファクス／086-231-2682
ホームページ／http://ww9.tiki.ne.jp/~katoku/
E-mail／katoku@mx9.tiki.ne.jp

JR北長瀬駅直結の「岡山市立市民病院」。庭園都市構想の
シンボルとして、将来公園や交流施設などが整備される予定。

株式会社宮﨑建築設計事務所
宮﨑 勝秀

街づくりは新築からリノベの次代へ。
業界の未来を見据えた挑戦は続く

建築の側面から地域医療を担う

　医療・福祉施設を中心に、学校、店舗、住宅など過去に数百ものプロジェクトを手掛け、最近は建築主と業者、あるいは周辺住民間に発生したトラブルを専門的かつ中立的立場から仲裁する建築紛争処理にも携わる。その宮﨑さんが「あれほど苦労したプロジェクトはなかなかない」と振り返るのが「岡山市立市民病院」だ。それもそのはず、「岡山市立市民病院」といえば、保健・医療・福祉の連携強化を旗頭に"21世紀の地域医療ネットワーク"の中核を成す、病床数400床の公的病院。救急・予防・災害時対応はもちろん、教育・人材育成の場としての役割も担うため、ライフラインの多重化や備蓄保管、屋内外を活用したトリアージ計画への備えなど、求められる機能は極めて高い。膨大な税金が投入される公共工事であることに加え、東京に拠点を置く久米設計とのタッグプロジェクトとなったことで、「内部調整にはことさら頭を悩ませた」という。しかしそんな巨大プロジェクトが宮﨑さんに舞い込んだのはもちろん、医療・福祉施設に精通する深い知識・経験に加え、周辺環境を考慮した巧みなデザイン力で数々のプロジェクトを成功に導いてきた実績が評価されてのこと。2010年竣工の「しな子レディースクリニック」もその一つで、自然豊かなロケーションと敷地高低差を生かした外観は周辺を行き来する人の目をも楽しませる街のシンボルとして、近隣住民たちにも広く親しまれている。

到来するリノベ時代を見据えて

　今最も注目するのは、国や自治体の財政状況を背景に

駅側からも幹線道路側からもアクセスしやすい東西ダブルエントランス。来院者の3割が駅利用者ということもあり、駅方面に「開かれた病院の顔」を向けている。

中心には8階まで吹き抜けになったガーデンも。

1400㎡を充てた「岡山ER」は南側正面に配置。5台の救急車が同時に止められる専用ロータリーに加え、患者を瞬時に移送するためヘリポート直通のエレベーターも設けられている。

DATA
名称：岡山市立市民病院
所在地：岡山市北区北長瀬表町3-20-1
構造・規模：鉄骨鉄筋コンクリート造（免震構造）・地上8階
施工期間：2013年2月～2015年3月

ふっくらと柔らかな楕円形の外観が印象的な「しな子レディースクリニック」（岡山市）。2階はオーナーの住居スペースになっており、周囲の自然環境に配慮して配した東面窓からは絶好の眺望が楽しめる。

宮﨑 勝秀（ミヤザキ・カツヒデ）

■生年／1947年10月23日

■主な仕事の実績
岡山市立市民病院／市立備前病院／しな子レディースクリニック／あじさいのおか牛窓／津山市立北小学校／就実高校・中学校新校舎／真庭落合こども園／くまの子保育園／百花プラザ　成通ハリービル　他

■受賞歴など
1977年 岡山市優秀建築物賞（井上歯科ビル）／1980年 岡山市優秀建築物賞（操南保育園）／1981年 岡山県地域木造住宅コンクール優秀作品賞（小坂歯科住宅）／1990年 岡山市優秀建築物賞（エクセルメゾン岡山）／1996年 岡山市まちづくり賞（岡山市御南公民館）／2001年 岡山市まちづくり賞（くまの子保育園）／2005年 日本建築士事務所協会連合会奨励賞（吉備中央町大和小学校）／2008年 建設事業関係功労者知事表彰／2010年 第3回おかやまUDコンテスト優秀賞（百花プラザ）／2011年 国土交通省局長賞（岡山市西大寺公園「百花プラザ」都市公園）／2012年 平成23年度 岡山市景観まちづくり賞（しな子レディースクリニック）／2016年 平成27年度 岡山市景観まちづくり賞（岡山市立市民病院）／2016年 国土交通大臣表彰

■まちづくりなど建築に関連した活動歴など
岡山地方裁判所・簡易裁判所・岡山県弁護士会において建築紛争にかかわる専門委員・民事調停委員・司法委員・仲裁人に在任
1999～2000年 山陽学園短期大学非常勤講師（環境デザイン講義）

■所属団体
（一社）日本建築学会会員／（公社）日本建築家協会中国支部幹事／（一社）岡山県建築士事務所協会会長／（一社）岡山県建築士会／（協組）岡山県設計技術センター元理事長／岡山建築設計クラブ元代表幹事／岡山中央ライオンズクラブ元会長／（一社）名古屋工業会岡山元支部長（名古屋工業大学同窓会）／岡山県立操山高校同窓会副会長／岡山経済同友会幹事／岡山地方・簡易裁判所専門委員、民事調停委員、司法委員、仲裁委員／岡山検察審査協会会長／（NPO）岡山県マンション管理組合連合会理事

急速に押し寄せているリノベーション移行の波。既に耐震化への準備が進む築約60年の岡山県庁本庁舎をはじめ、今後の公共物件工事は、リノベーションへと大きく舵を切っていくことが見込まれる。同時に、行政サービスの効率化を目指したコンパクトシティの形成も着々と進行。今までと大きく様相を変える街づくりの流れの中で、建築家にもより幅広い対応力が求められることは間違いない。そのため宮﨑さんはイギリスやアメリカといったリノベーション先進国を度々視察し、知識・情報を収集。「街を見て、時代を読んで、文化を知ってはじめて良い施設、良い家を作ることができる。優れたものづくりを残そうと思えば、常に広い視野を持って学び続けなければ」。10件前後のプロジェクトを抱えながら年十数回の講壇にも立ち、業界の成長と後進育成にも力を尽くしている。

Office DATA
事務所名／株式会社宮﨑建築設計事務所
代表者／宮﨑勝秀
所在地／岡山市北区今2-6-23-1
電話／086-241-2622
ファクス／086-245-1789
ホームページ／http://www.miyazaki-arc.com/
E-mail／info@miyazaki-arc.com

株式会社暁建築設計事務所
山田 曉

施主との対話、環境・敷地とのかかわりが、
自分らしい空間づくりの原点に

周辺環境を意識した建物づくりを

「建築（住宅）は、クライアントが抱く夢の中から生まれるものであり、建築家とクライアントとのコミュニケーションの中で育まれて形作られていくものです。そして、敷地に立った時に感じる暖かな日差し、心地良い風、周辺に広がる風景など、敷地や環境とのかかわりの中に建築の源があると考えています。それらの要素が上手く合致して生まれる建築こそが後世に引き継がれていく、自分らしい空間になると信じています」。

建築に対する自らの考えをこう語るのは、株式会社暁建築設計事務所代表取締役の山田さん。大阪工業大学大学院を卒業後、大阪の大手事務所にて建築家として約10年間キャリアを磨いた。帰郷後、1983年に設計事務所を設立。以後、県内を中心に診療所や商業施設、一般住宅、さらには古民家再生なども手掛けている。

そんな山田さんの代表作ともいえるのが、加賀郡吉備中央町に建つ「吉備高原希望中学校」だ。こちらは併設の「吉備高原のびのび小学校」と小中一貫教育を行う全寮制の学園として、既存の学校に馴染みにくい子どもたちを約20年間に渡って受け入れている。設計にあたっては、周囲の豊かな自然環境やそこで生活する子どもたちのことを考慮し、木の温もりに包まれる大きな住宅のようなプランに。各教室は陽光が降り注ぐ吹き抜けのホールに面して配置されており、オープンスクールのような開放的な空間に仕上がっている。「教室から山や田んぼが眺められる、昔ながらの日本の風景の中に建つ学校です。街なかにはない魅力を生かし、子どもたちがのびのびと学んで暮らせるように配慮しました」。

"建物は動くもの"と考える

山田さん曰く、「住宅なら家族の考え方によって、診療所ならば医師の診療方針によって設計プランが変わってきます。その人の考え方が建物の機能になるのです。建築家はその人にとって必要な機能にデザインをリンクさせることで、使い勝手が良く、居心地の良いものを作り上げているのです」。また、"建物は動くもの"と考えておくことも大切と諭す。「住宅にしても店舗にしても、未来永劫そのままずっと使い続けるのではなく、その時々の家族構成や販売する商品などに合わせて増改築しながら変えていけば良いと思うのです」とのこと。その時代に合った変化を受け入れ、少しずつ手を加えながらその人らしく住み続けることの楽しみも教えている。

内部に木材を多用し、温もりあふれる空間を演出。子どもたちが穏やかに、心地良く過ごせるように設計されている。開口部からは陽光が差し込み、日中は教室の中まで明るい。

各教室はホールに面して配置。トップライトから降り注ぐ自然光が建物内にゆきわたるので、想像以上の広がりと開放感を味わえる。

「建物の印象を左右するエクステリアまで責任を持ってやりたい」と語る山田さん。周囲の環境とのつながりを大切にして設計するという。建物は山腹の斜面に位置し、その高低差を利用した計画になっている。冬は雪に囲まれ、夏はトンボやセミが飛びまわる。

2階から臨むホール。一体的空間の廊下とホールでは音楽会等の催しができ、子どもたちの交流の場にもなっている。

山の中腹に建つ学園。豊かな自然環境の中で寄宿舎生活を送る子どもたちのために、家で過ごしているようなアットホームな空間を作り上げた。左側建物は全国からきた生徒が暮らす全寮制の宿舎で、右側が校舎棟。

DATA
名称／学校法人おかやま希望学園 吉備高原希望中学校
所在地／岡山県加賀郡吉備中央町
構造・規模／鉄骨2階建て、延床面積1104.20㎡

山田 曉（ヤマダ・サトル）

■生年／1948年倉敷市生まれ
■主な仕事の実績
連島あさの歯科／とも歯科クリニック／Y邸／A邸 リフォーム／愛文社書店／有料老人ホーム悠々庵／人形作家のアトリエ／倉敷市立老松小学校／倉敷市立長尾小学校　他
■受賞歴など
倉敷市建築文化賞最優秀賞／倉敷市建築文化賞奨励賞
■まちづくりなど建築に関連した活動歴など
NPO法人倉敷町家トラスト／倉敷・建築みらい塾／裁判所調停委員／倉敷阿知町東部商店街ファサード整備事業・建築協定締結業務
■所属団体
（公社）日本建築家協会／（一社）日本建築学会／（一社）岡山県建築士事務所協会／（一社）岡山県建築士会

Office DATA
事務所名／株式会社暁建築設計事務所
代表者／山田 曉
所在地／倉敷市平田226
電話／086-427-4310
ファクス／086-427-4311
ホームページ／http://www.akatuki-sekkei.com/
E-mail／akatuki@optic.or.jp

約170年前の町家をリノベーションして誕生した建築設計事務所併設のコミュニティカフェ「Gallery & Café さくら」。店内で当時の町家の構造を見ることができる。中央に耐震格子を設けることで構造を補強した。

一級建築士事務所さくら建築設計事務所

山名 千代

歴史を紡ぎ、残すべきものを残す。
磨かれた本物の技術と歴史ある建造物に新しい価値を

「美しい風景や造形、文化財を見るのが好き」という山名さんが建築に興味を持ったのは、さまざまな要素を全体的に造形していくことに魅力を感じたからだという。健康的な居住空間を作るため自然素材を使用することにこだわりを持ち、構造材には県産材を、内装材には土、漆喰、和紙、竹、柿渋、ベンガラなどを使用。直接見えない部分へも配慮を欠かさない。

最近は古民家や町家の再生を数多く手掛けている。県内の文化財調査に関わり、影響を受けたことも保存改修に携わる背景となった。「何がこの建物を長い間残しているのか。人の関わりか、構造か、材料か。残っているものはそれなりの理由がある」と、毎日が発見の連続。歴史ある建造物の残すべきところを残し、後世に負担を掛けないよう悪い部分は取り払う。耐震や省エネなど新しい技術も取り入れながら、現代の暮らしにフィットした建築を形にしている。

卓越した技術の大工とともに、築170年の町家を再生

津山城跡東の旧出雲街道沿いに位置する、津山市城東伝統的建物群保存地区。その中にある築170年の町家をリノベーションした。江戸時代末期の造りをそのまま保存しながらも、屋根・壁の断熱、オール電化、電気設備、給排水下水衛生設備も含め改修し、1階をギャラリー＆カフェ、2階をオフィスとした。「長い歴史と豊かな自然に育まれた四季の恵みを活かす暮らし方」をコンセプトに、町家の間取りや架構、中庭、井戸などを活かした。しかし、過半の柱や梁に蟻害や腐朽が見られ、江戸末期の美しい小屋架構を保持しながら建ったまま大黒柱や梁の入替えを行うため、保存改修には高い大工技術が必要だった。そのため、数多くの文化財を手掛けた卓越した技

「Gallery & Café さくら」中庭。庭の飛石は津山城で発掘された石垣と同じもの。奥には囲炉裏も配置されている。

DATA
名称：Architect's office ＋ Gallery＆Caféさくら
所在地：津山市西新町54
構造・規模：木造2階建、延床面積163.14㎡(主屋)、97.74㎡(付属屋2棟)
施工期間：2014年1月〜2015年10月

「Gallery & Café さくら」の伝統的な格子窓。津山市城東伝統的建物群保存地区の景観に馴染み、地域に溶け込んでいる。

築110年の古民家を保存改修。耐震性や省エネ性を高め、現代の暮らしにフィットした快適な空間となった。

河野美術館。大正時代に医院として建てられた洋館。創建当初の窓枠、建具、天井、腰板など全てを保存修理。欠損部材はディティールを忠実に復元。

術を持つ棟梁に来てもらい、この保存改修が実現した。伝統工法ならではの金物を使わない継手や仕口が建ったままでの大黒柱や梁の入替えを可能にしている。それは江戸末期の丁寧な加工や施業が現代につながっていると言えるだろう。表構えは伝統的な格子窓のため、耐震補強は耐震格子を内側に設けることで構造を補強。木材は全て天然乾燥を使い天然古色塗り仕上げとしている。解体時に出てきた中庭の景石や蹲、囲炉裏の炉に使われている石は津山城の石垣と同じものだ。

津山市城東伝統的建物群保存地区の町家は住宅が多く、一般的に内部を見ることができない。だからこそ「多くの人に町家の造りを見てもらいたい」と、解放。新たに地域のコミュニティカフェ「Gallery＆Caféさくら」として親しまれている。

山名 千代（ヤマナ・チヨ）

■生年／1957年5月8日

■主な仕事の実績
築110年の古民家再生／津山市城東伝統的建物群保存地区 河野美術館／Architect's office＋Gallery＆Caféさくら／町家cafeお茶処「紬」／ギャラリー付き陶芸工房「夢陶房」他

■受賞歴など
津山ふるさと景観賞

■まちづくりなど建築に関連した活動歴など
美作県民局主催防災まちづくりコーディネート(4市4町50地区以上)／森林を考える岡山県民のつどい(パネリスト)／岡山県教育委員会主催「高校生災害ボランティアリーダー研修」(講師)／津山青年会議所防災リーダー研修(講師) 他

■所属団体
(一社)岡山県建築士会／(一社)岡山県建築士事務所協会／(公社)日本建築家協会／(公社)日本建築積算協会／NPO法人まちづくり推進機構岡山／おかやま緑のネットワーク おかやま木の家推進研究会

Office DATA
事務所名／一級建築士事務所さくら建築設計事務所
代表者／山名千代
所在地／津山市西新町54
電話／0868-22-1236
ファクス／0868-22-1236
ホームページ／http://sakura-archi.jimdo.com
E-mail／sakura-sekei@sky.plala.or.jp

1階部分を塗り壁に、2階は焼き杉板で仕上げた外観が印象的。建物を取り巻く水面との一体感が美しい景観を生み出している。

株式会社トシプランニング
渡邊 俊雄

造園の発想から生まれる、
建築物と自然の共生を目指して

建物と景観のつながりを意識

　家業を継ぐために、当初は造園家を目指していたという渡邊さん。東京農業大学造園学科を卒業後は、著名な造園家である故・小形研三氏が主宰する設計事務所にて約8年間勤務。その中で造園と深い関わりのある建築に興味を抱き、建築家としての専門的な知識や技術も習得した。1981年に帰郷した後、31歳で設計事務所を設立。東京での活躍や丁寧な仕事ぶりが高く評価され、岡山空港やJR児島駅前、JR倉敷駅北など公共の景観整備の依頼が数多く舞い込むように。近年は、倉敷美観地区にある「くらしき宵待ちガーデン」の竹林散策庭園の設計管理を担当し、既存竹材を見事に再生させた美しい景観が評判を呼んでいる。現在では建築とランドスケープ（修景）のトータルデザインに力を注いでおり、造園だけでなく、公共施設から住宅まで幅広く手がけている。

　和気郡和気町の棚田に佇む「クレソン畑の家」にも、渡邊さんならではのランドスケープの手法が散りばめられている。家づくりにあたっては、自然素材を多用した心地良さや機能に加え、周囲に広がる景観とのつながりを意識。四季折々に表情を変える田園、背後に広がる丘陵の緑、谷筋水路の清水、自生するクレソンなど魅力ある要素を生かした景観形成がなされている。

オリジナリティあふれる提案を

　施主との打ち合わせでは愛用の竹尺を使い、手描きのデザイン画で提案するという当時からのスタイルを貫く。その理由は、「直感で閃いたものを手描きで立体的に表現することで、建物や庭の雰囲気、奥行きといったものを

リビング前面に展開するウッドデッキは、美しい風景を独り占めできる絶好のロケーション。開放的な外部の居間として家族が集うくつろぎの場所にもなる。

藤田の家＝岡山県岡山市南区。築30年以上になる住まいをリフォームするにあたり、建物の耐震補強工事も行った。玄関からのつながりを意識したLDKは、壁に珪藻土、床には無垢材を採用するなど自然素材を随所に取り入れた居心地のよい空間に仕上げている。

円弧状の壁面窓からは、デッキ越しに広がるクレソン畑の池や自然豊かな景色が一望できるように計算されている。

くらしき宵待ちガーデン内、竹林散策庭園＝岡山県倉敷市。倉敷美観地区の路地裏にある竹林に散策できる小道やせせらぎの音が響く小川などを作り、訪れる人の憩いの場として生まれ変わらせた。伐採した竹は一帯を囲む外壁材に用いるなど環境にも配慮。

DATA
名称：クレソン畑の家
所在地：岡山県和気郡和気町
構造・規模：木造2階建て　延床面積80.59㎡
施工期間：2013年1月～10月

直に感じてもらい、イメージが伝わりやすいから」とのこと。そして、「施主と直接やり取りをすることでその要望に寄り添い、自分にしか作ることのできないオリジナルのものを提供していきたいですね」と語った。

"自らの成長に重きを置く"という考えを持つ渡邊さんが大切にしているのは、「常にものを見る注意力を研ぎ澄まし、研鑽すること。そして、良いと思えるものがあればその理由を深く追及し、実際にやってみること。それらを繰り返し、習慣化すること」。その言葉通り、現場では自らが率先して動き、デザイン以上の良いものを作り上げることにやりがいと楽しみを感じているそうだ。今後は、「自分の造園家・建築家としての集大成として、ル・コルビュジエの水辺に建つ『小さな家』のような自宅を作りたい」と目を輝かせながら語ってくれた。

渡邊 俊雄（ワタナベ・トシオ）

■生年／1951年1月13日

■主な仕事の実績
岡山空港修景整備計画／児島駅周辺整備計画／倉敷駅北アンデルセン広場／倉敷阿知フラワーポッケ／加茂川町鳴滝森林公園管理棟・バンガロー／新見浄化センターアクアスポット／下蒲刈町松濤園・観松園／常石造船迎賓館庭園（中国）／スケープコア（W邸）／アロマハウス（T邸）／倉敷のコートハウス（F邸）　他

■受賞歴など
建設大臣賞／岡山市優秀建築物／岡山市まちづくり賞「すまい部門」

■まちづくりなど建築に関連した活動歴など
御津町農業農村整備環境計画／牛窓町前島全島活性化計画／岡山市犬島全島活性化計画／加茂川町全町公園化計画／真備町全町緑化公園構想基本計画／倉敷市「風の道」遊歩道・駅舎設計／下蒲刈ガーデンアイランド構想　他

■所属団体
（公社）日本建築家協会

Office DATA
事務所名／株式会社トシプランニング
代表者／渡邊俊雄
所在地／岡山市北区平田172-104
電話／086-244-5288
ファクス／086-244-6136
ホームページ／http://www.toshiplan.com/
E-mail／toshi-plan@hkg.odn.ne.jp

一級建築士事務所 有限会社バジャン

和田 洋子

"本物"の素材や技術を生かすことに心血を注ぎ、伝統構法の良さを伝道する女性建築家

　広島県福山市に立地する「箕島の家」は、周りの風景と馴染みながらも凛と佇む姿がなんとも美しい一軒家。昔ながらの日本家屋を連想させるこの物件を手掛けたのは、倉敷に事務所を構える和田さん。日本の伝統的な木造技術である伝統構法を用いて住宅を設計する女性建築家だ。"木組み・土壁・石場建て"の技術を合わせて建てる伝統構法は、災害が多い日本の風土に適した、先人たちが遺してくれた優れた建築方法。そんな伝統構法を専門に設計する彼女は、「木材や石、土などの"本物の素材"を使い、職人が受け継いできた"本物の技術"によって"本物の建物"を築く」ことを信念としており、その信念の基で作られた住宅の一つが、「箕島の家」だ。

　この家で暮らすのは、農業を営む80歳代のご夫婦とその家族。農作業を終えた後や近所の気のおけない友人が来た時に、長靴を履いたまま家の中でひと休みできるように土間を広く取って寛ぎの空間を確保したり、障子や硝子戸、網戸、雨戸などを引き込めるように配置し、それらを全て開け放てば清々しい風がいつでも家の中を通り抜けるように設計したりと、大工と連携して住まう人への配慮が随所に感じられる住宅に仕上げた。伝統構法の設計は、常に楽しい苦労の連続だと言う。柱や梁が現しのため、構造とデザインが一体でゴマカシは効かない。柱梁を互いに差して組み上げるので、施工手順も重要だ。「使い勝手やデザインだけでなく、構造架構の美しさや施工性、耐震性などの安全性を同時に叶える必要があります。それだけに奥が深く、一筋縄で行かない分面白いです」。

"本物"にこだわるからこそ長寿命の家が生まれる

　「『古い家は味があって良いね』と言われますが、『味』の正体は、飴色に変化した床板、触り続けた事で丸みを帯びた手摺、子どもの背を記録した柱の跡などではないでしょうか。私が素材にこだわるのは、住む人が時間による変化を楽しみながら、家を長く愛しんでもらいたいからです」と和田さんは語った。

　伝統構法で建てる家は長く住み続けられ、"本物の素材"であれば、役目を終えた時に土に還すことができるので環境への負荷も少ない。長い年月を経ることで深みが増し、味わいのある家屋へと移ろう様子を眺めるのも、伝統構法の醍醐味かもしれない。

玄関脇に設けたベンチコーナーの窓は無双になっていて、光と風の調節が可能。廊下には格子戸があり、留守中でもプライバシーを守りながら通風が図れる。

箕島の家＝軸組模型。伝統構法は金具を用いずに木を組んで建てるため、一箇所でも間違えると組み上がらない。複雑に入り組んだ木を組み上げる順番を模型で念入りにチェックすることは、欠かせない作業だ。

玄関から西側には座敷と広縁が、東側には濡縁が伸び、障子や硝子戸、網戸、雨戸が美しく並ぶ。戸や窓を全て開放すれば風が部屋中を駆け抜け、夏は自然風だけでも心地良く過ごせる。

DATA
名称：箕島の家
所在地：広島県福山市箕島町
構造・規模：木造2階建て、199.13㎡（1階155.47㎡、2階43.66㎡）
施工：2013年6月〜2014年8月

式台に使用したのは柔らかい杉。足裏と面する部分は大工が手作業で丁寧に削っている。そうすることで足にも馴染みやすくなり、やさしい触感が楽しめる。手すりには六角形に削った柿の木を採用。

和田 洋子（ワダ・ヨウコ）

■主な仕事の実績
東山の家
御幸の家
伊部の収蔵庫
沼隈のつる薔薇屋　他

■所属団体
(公社)日本建築家協会中国支部　(一社)岡山県建築士事務所協会
(一社)岡山県建築士会
岡山建築設計クラブ
日本建築学会中国支部
職人がつくる木の家ネット
NPO法人 伝統構法の会
NPO法人 倉敷町家トラスト

玄関や座敷の床の間には、大工が亀甲削りで仕上げた見事な一枚板が嵌め込まれている。手斧で一つひとつの模様や列を均等に配す作業には、経験と技術は必須。まさに職人技と言える仕事ぶり。

Office DATA
事務所名／一級建築士事務所 有限会社バジャン
代表者／和田洋子
所在地／倉敷市川西町15-15
電話／090-2094-5006
ファクス／086-451-5428
ホームページ／http://www.bajane.com/
E-mail／wada@bajane.com

DAIKEN 不燃壁材 グラビオ GRAVIO

突き付け目地

底目地

あいじゃくり目地

コート紙仕上げ
厚み
3mm **6**mm
幅 300～600mm
高さ ～2730mm

空間を豊かにしつらえる多彩な木目化粧不燃壁材グラビオ。サイズ対応、目地形状が選べます。
29柄の多彩なデザインの木目柄。大建工業おもいやりシリーズの建具とコーディネート可能です。

大建工業株式会社

大建工業　グラビオ　検索

中四国支店　岡山営業所　〒702-8045　岡山県岡山市南区海岸通2丁目5番8号
TEL 086-262-2271　　FAX 086-262-2273

広島の
建築家
ARCHITECTS IN HIROSHIMA

今川建築設計
今川 忠男

木の持つ素朴さや力強さを生かし
自分らしい木造建築を手掛けたい

徹底的に仕事の質を追求

「私たち建築家に与えられたミッションは、お客様の想いや夢を形にしていくことです。それはまた、人の心に響く建築や行動をしなければならないということでもあるのです。そのためには心のこもった丁寧な仕事をし、人間としての美しさや潔さ、品格を備えることが大切です。そして、『あなたに会えてよかった』とお客様から言ってもらえるようになりたいと思っています」。建築家として目指すべき姿をこう語る今川さんは、広島県東部を拠点に、木造の一般住宅や公共施設の新築から、伝統工法を用いた古民家の改修まで幅広く携わっている。

今川さんの得意科目だったという物理と絵の才能を生かし、福岡大学工学部建築学科へ進学。大学卒業後は大手ゼネコンや地元の設計事務所でキャリアを積み、1998年に独立。建築家としての人生を歩み始めた。その当時を、「世に出しても恥ずかしくない仕事・作品をつくりたいとの思いが強すぎて、当初の5年間はほとんど仕事のない厳しい時代でした」と振り返る。しかし、「家族やスタッフなど守るべき存在ができたことで、何でもやってやる！という気持ちへと変わっていきました。その中で自分の色を取り込んで生きていけばいいと」。それ以降は仕事の質を徹底的に追求することで、施主からの信頼を得て顧客も少しずつ増えていった。

自らの手で地域の拠点づくりを

「奇をてらうのではなく、木の持つ素朴さや力強さを大切にしながら、素直にシンプルに、木造建築のデザインをやっていきたい」という今川さん。代表作のひとつである「認定こども園 せんだの森」は、2000年の建築基準法改正後に、日本で初めて2階部分に保育室を設けた木造園舎だ。大空間を実現する木造大断面のKES工法を用いた合理的かつシンプルなプランにより、コストを抑えながらも、木の質感を生かした開放感あふれる空間に仕上げている。1階には吹き抜けのある遊戯室や保育室、職員室を、2階は保育室や多目的スペース、広々とした廊下や中庭を設けた。子どもの成長とともに深まる木の風合いは、これから美しく変化していくことだろう。

今後は、「公共施設を数多く手掛け、地域の文化や環境にも貢献したい」。そして、「新規事業として自社プロデュースのアンテナショップを立ち上げ、地域の拠点として情報発信の場を提供していきたい」とも。建築家としての新たな挑戦に期待が高まる。

寄島の家＝岡山県浅口市寄島町。大正時代から代々受け継がれてきた旧家を全面改修。自然素材を多用した外観や内部空間には新旧の素材の対比が生まれ、新築とは異なる現代の和の空間を演出。西面にはどの居室からも眺められる中庭を設けている。

町屋Cafe＆Dining恋しき＝広島県府中市府中町。明治時代に割烹旅館として創業し、かつては政治家や文化人が多く訪れていた場所。改修では「温故知新」をキーワードに、天井や床、窓などはそのまま生かしながら、新たな商業施設として生まれ変わらせた。

東面に開口部を多く取り、室内の一部を吹き抜けにした開放的な雰囲気が魅力。
2階の窓の一部分を耐力壁にすることで、木造建築物の強度をアップさせている。

DATA

名称：認定こども園 せんだの森
所在地：広島県福山市千田町
構造・規模：木造2階建て、延床面積1088.85㎡
施工期間：2006年7月～2007年2月
撮影：野村和慎

「天然素材にこだわり、家にいるような雰囲気にしたい」との要望に合わせ、内部の床面は杉材、構造材にはカラマツの集成材を採用。「木のいい匂いがする」と保育士や子どもたちにも評判。

今川 忠男（イマガワ・タダオ）

■生年／1965年4月13日

■主な仕事の実績
枇杷の家／菓匠 福富／駅家の家／寄島の家／坪生の家／川口西保育所　他

■受賞歴など
第3回JIA中国建築大賞2011 一般建築部門優秀賞／第5回JIA中国建築大賞2013 一般建築部門優秀賞／ひろしま住まいづくりコンクール2013 広島県知事賞／第16回甍賞 国土交通大臣賞／第6回JIA中国建築大賞2014 住宅部門優秀賞／ひろしま住まいづくりコンクール2014 優秀賞／ひろしま住まいづくりコンクール2015 優秀賞／第19回木材活用コンクール 木材活用特別賞

■所属団体
（公社）日本建築家協会

2階の一部に板張りの中庭を設け、陽光や心地よい風を室内に取り込む工夫も。夏場には、子どもたちのプール遊びの場所としても大活躍。

Office DATA

事務所名／今川建築設計
代表者／今川忠男
所在地／福山市東川口町2-8-17
電話／084-953-2729
ファクス／084-953-2729
ホームページ／http://ww4.tiki.ne.jp/~tadao/
E-mail／tadao@mx4.tiki.ne.jp

高陽ニュータウン病院＝外観。美しい緑に囲まれた環境の中でひときわ目を引く新病院。近隣からの認識を高めるため、温かみのあるアースカラーの湿式タイルを採用。病床数は、一般病棟90床、療養病棟50床。

大旗連合建築設計株式会社
大旗 祥

一つの建物に関わるすべての人を
大切に思う心が生む、"最善"の建築物

　広島県広島市郊外に位置する高陽ニュータウン。そこに30年もの長きに渡って親しまれてきた病院、「高陽ニュータウン病院」がある。今回、大旗さんが設計を手掛けたのは、地域のシンボルともいえるこの病院だ。

病院の機能を止めることなく、安全に移転

　「地域の二次救急を担うための耐震化を図る」、「地域の高齢化による新しい医療需要への対応」、「より地域に根差した新しい病院を実現する」という3つの目的から、建て替えを実行。とは言え、来院する患者さんのためには病院の機能は停止できない。そこで大旗さんが取った策が、"既存の駐車場部分に新病院を新設すること"だった。これにより病院の機能を止めることなく、安全に移転することができたという。「病院機能を新病棟に移転した後は、旧病院増築棟を事務棟として改修。そして旧病院を解体し、最後に新病院と事務棟、老人保健施設をそれぞれ渡り廊下でつないで敷地全体に一体感を持たせ、利用しやすいように整備を行いました」。

　設計期間中に理事長の碓井静照先生（当時広島県医師会会長）が逝去され、一時はプロジェクトの存続自体が危惧される事態が発生したが、故人の遺志を引き継いだ田尻祐子新理事長を中心とした新たな建設委員会により、無事計画を完遂することができたのだとか。

　新しく建設された病院には、地域住民の高齢化を念頭に置いた設備を数多く配している。例えば、病院の至るところに置かれた案内板。従来の天井からの吊り下げ式ではなく、高齢者が認知しやすいように目の高さに設えた。トイレマークなどの色合いや明るさも、高齢者が認

清潔感のある白色を基調に、濃い木目パネルをポイントに取り入れた待合室。優しく落ち着いた雰囲気に仕上げた。

既存駐車場部分に建築した新棟と旧棟の全景。中央部の渡り廊下が施設の一体的な利用を可能にしている。

スタッフステーションは、オープン型とクローズ型の2パターンを併用。自動扉を設けたエレベーターホールを隣接させることで、病棟内のセキュリティー向上にもつながっている。

大旗連合建築設計株式会社のスタッフ総勢48人。老練の技術も若い発想もすべてが出揃ってはじめて最善に近づけるのだ、という考えのもと、設計チームが一丸となって人間性と能力をぶつけ合い、個人の能力以上のものを発揮することを目指している。

DATA
名称：高陽ニュータウン病院
所在地：広島市安佐北区
構造・規模：鉄筋コンクリート造・延床面積6,385.44㎡
施工期間：2013年1月～2014年5月

識しやすいものを採用している。また、迷うことなく目的地へ辿り着けるよう、部屋番号には通し番号を起用するなど、随所に配慮が散りばめられている。

思いやりの心が溢れた設計

医療福祉施設や教育文化施設、行政施設など、大型施設の設計を幾度となく遂行してきた大旗さんに、自身の建築観を尋ねた。「施主や設計者、施工者、そして利用者まで、すべての人を大切に思っています。だからこそ、建物に関わる人々の思いを設計に落とし込んでいきたい。常にそのことを意識しながら"創造"し、建築に携わっています」。

大旗 祥（オオハタ・ショウ）

■生年／1977年
■主な仕事の実績
高陽ニュータウン病院／福山誠之館高等学校／芦品まなび学園高等学校／JA尾道総合病院／宇部西リハビリテーション病院／広島工業大学（Nexus21）／㈱ファーマシィ本社
■受賞歴など
日経ニューオフィス賞／カーボンニュートラル賞／しまね景観賞　他
■所属団体
（公社）日本建築家協会／（公社）広島県建築士会／（公社）日本建築積算協会／（一社）広島県建築士事務所協会／（一社）日本建築構造技術者協会／（一社）日本医療福祉建築協会／（一社）日本医療福祉設備協会／（一社）日本建築学会／（一社）火葬研究協会／広島耐震診断設計協同組合

Office DATA
事務所名／大旗連合建築設計株式会社
代表者／大旗 祥
所在地／広島市中区大手町3-3-27
電話／082-244-3734
ファクス／082-244-2642
ホームページ／http://www.oohata-arch.co.jp/
E-mail／uac@oohata-arch.co.jp

株式会社アトリエドリーム
久保井 邦宏

多くのエネルギーと愛情を注ぎこみ、
施主の希望を形にし、夢のあるものを創る

一つの設計案に込めた施主への思い

「施主に対して夢があるものを創りたい」と言う久保井さん。その思いと信念が詰まった事務所名"アトリエドリーム"の元に集まり、同じ思いを描くスタッフは5人。瀬戸内海に浮かぶ大崎上島に生まれ、九州の大学で設計を学び、その後広島、九州の設計事務所を経て、1989年に独立した。設計の仕事における経験値はあっても、久しぶりに帰って来た広島では、仕事も情報もなく、苦労の日々が続いたと言う。

そんな中、改めて感じたことは、建築には膨大なエネルギーが必要だということだ。設計者のみならず、施主をはじめ、事務所スタッフ、職人……。各々が良い建物を造ろうと思えば思うほど大きなエネルギーが注ぎ込まれ、建物が完成していく。その一つの形が広島県府中市に建てられた「風通しの良い、明るい、パティオのある家」だ。

海側（南）から山側（北）に風が吹いていることを利用するため南側を平屋にし、人が集まりやすく、居心地の良いリビングに。そして別棟として温かみのある木造のプライベート棟を作り、その2つをエントランス棟で結ぶ形態となっている。外観は施主のイメージに沿い、鉄筋コンクリート造の打放しを採用。入念な打ち合わせの元、いくつも設計案を出したものかと思いきや、久保井さんが施主に提案した設計案は1案のみ。そこには、「予算に合わせたいくつかの比較対象を持って行って、施主を迷わせてはいけない」とする久保井さんの考えがある。お金ベースの設計では、施主に対して夢のあるものを創ることはできないのだ。同時に、妥協をすすめていることにもなりかねない。施主の希望を叶えたい一心が「これしかない」と思わせる1案を生み出していく。

建築の仕事が好きな男が願う、家への愛情

数々の実績や受賞歴から、まぎれもなく建築家と呼ばれる久保井さんだが、面白いことに建築家にはなりたくないと言う。自分の主張やエゴが詰まった作品としての家を建てるのではなく、あくまでも家を建てたい人に喜んでもらえるよう、自分たちはプロとして応援する立場であることを主張している。そのため「人と違う変わった家を作ろうとは思わない」とも。家は建てて終わりではなく、一生付き合っていくもの。だからこそ、愛情を持って家を建て、愛情を持って住んでほしいと施主に願う。建築家ではなく、建築の仕事が人一倍大好きな男のそうした思いは、施主と続く長い付き合いという形となって、伝わっているのだ。

南から駐車場、リビング棟、エントランス棟、プライベート棟と並ぶ。印象的な琉球ブロックは、南からの風をダイニング・リビングへ、そして中庭へと通すと共に、道路からの目線を隔ててくれる。

エントランス

DATA
名称：府中の家〜パティオのあるすまい〜
所在地：広島県府中市府中町
構造・規模：木造一部鉄筋コンクリート造2階建・延床面積189.62㎡
施工期間：2012年11月〜2013年7月

南側に設けられた平屋のリビング棟とエントランス棟。エントランスからは中庭、リビングへと直接客人を招き入れることができる。リビングと中庭の仕切りを開放すれば、心地よい風が吹き抜ける開放的な空間に。

プライバシー確保に大きな役割をなす打放しの塀と琉球ブロック。

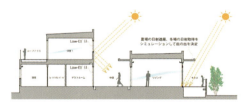

日照シミュレーションを行い、夏は強い日差しをカットし、冬は暖かい光を取り込むよう設計。また、2階建の北側のプライベート棟の壁面反射を利用して、中庭に光を取込む。

久保井 邦宏（クボイ・クニヒロ）

■生年／1959年2月5日

■主な仕事の実績
東千田町の家／段原の家／府中の家／ワイン食堂N361／ガーデンダイニング横川／NAMIKIビル／C-CORE東広島／K&S紙屋町 他

■受賞歴など
2004年 電化住宅建築作品コンテスト第8回新築住宅部門 佳作／2010年 公益社団法人広島県建築士会 住宅設計コンペ 環境共生型住まいの提案 優秀賞／2012年 ひろしま住まいづくりコンクール2012 新築部門 最優秀賞

■所属団体
（公社）日本建築家協会／（公社）広島県建築士会／（一社）広島県建築士事務所協会／福祉住環境コーディネーター協会

Office DATA

事務所名／株式会社アトリエドリーム
代表者／久保井邦宏
所在地／広島市東区尾長東1-2-14
電話／082-261-9172
ファクス／082-261-9553
ホームページ／http://www.a-dream.co.jp
E-mail／info@a-dream.co.jp

上東雲の家～スカイデッキのあるすまい～＝広島県広島市南区に建つ。土の保温性を利用し、道路からの目線に配慮した半地下の寝室・ゲストルームが特徴的。3階の子ども部屋には、安定した採光と通風を確保し夜空も眺められるよう、天空に開け放ったスカイデッキを完備。

昭和初期から残る石垣を活かしつつ、以前建っていた建物と同じような佇まいを意識して建てられた平屋。古い石垣の階段、杉羽目板打放しの擁壁、木の板壁のコントラストが独特の雰囲気を醸し出す。

AK建築設計事務所
小泉 満

施工出身の建築家が手掛ける"リアル"。
新たな価値観で創造する上質な空間

「おっ！」と思わせる気付きの多い住宅を

「施主さんにとって身近な存在でありたい」。施工者出身の建築家だからこそ、この言葉によりリアルを感じることができるのだろう。小学生の頃にはすでに建築家を夢見ていた小泉さん。だが、ストレートにその道を辿ることはなく、縁があったのは学生時代に学んだ木質材料学やランドスケープ、そして就職先となった町場の工務店。左官や大工、土木作業補助など、設計とはかけ離れた施工仕事の日々を過ごす。しかし、この経験が後に彼が作り出す"気付き"の多い建築のベースになっていくのだ。

風景や光、風、そして香り……。目に見えるものはもちろん、目に見えないものにまで気付くことができる建物。そこに住みながら感性を磨くことができる設計を常に心掛けている。その"気付き"は「土間のある町西の家」にも多く見ることができる。

施主の希望である土間、高低差のある敷地のベースである石垣、珪藻土の壁、絵画の額縁のような広い窓。新築でありながらも、以前からずっとそこに建っていたかのような古民家調の住宅だ。特にギャラリー空間には、不思議な感覚を覚えるよう奥行きを出し、ガラス瓦を使い自然光を取り込むことで、屋外のような雰囲気を演出。また、普段何気なく使っている杉板などの材料を創意工夫することで、どこにでもありそうだけれども、唯一無二の空間を生み出している。コンパクトかつシンプルでありながら、外観からは想像がつかない世界が広がっているのだ。仕事には、新築以外に古民家の改修も多いという。「使い続けることへの"美"や"尊さ"という付加価

あえて壁面を奥に向かって斜めに仕切ることで奥行きを出したギャラリー。天井にはガラス瓦を使用して自然光を取り入れ、光の濃淡や作品の見え方が、時間の経過と共に変化する様子を体感できる。

ギャラリーから土間続きになっているアトリエ。遠くの景色を取り入れることができる南側に用意。

DATA
名称：土間のある町西の家
所在地：島根県邑智郡邑南町矢上
構造・規模：木造平屋建て、延床面積74.72㎡
施工期間：2016年4月〜8月

木路原の家＝家屋を挟むどちらの道からでも、足の不自由な施主の母親が車からスムーズに出入りできる屋根付き駐車スペース兼農作物の洗い場。建物の高さを抑えることで、かわいらしさとラインのシャープさを兼ね備える。

木路原の家＝天井高を2.2mに抑えることで、視線が水平方向へ流れ外部への意識化を促した空間。遠景、幹線道路との仕切りである杉の羽目板のコンクリート壁、そして目の前の畑。唯一無二の景観を作り出した。

値を見出せる人が一人でも多くなってほしい」と、先人の技術を尊重し、施主が生活当時につけたであろう柱の傷などもあえて残すよう心掛けている。

急がば回れを実践して築いた財産と感性

「設計をして終わりではなく、建物が完成するまでの様子を全て見て、モノづくりを実感したいんです」と小泉さん。建築家になるまでの人生において「急がば回れ」を実践し、貴重な経験をしてきたからこそ、より責任感も強く、誰よりも施主の生活にリアルな部分を追求する。建築家としては若手であり、特に師匠も存在しないという……。しかし、彼が歩く建築家への軌跡で得た財産と感性は、彼にしかできない新しい価値観を感じる建物を、確かに生み出している。

日本建築家協会 準会員
小泉 満（コイズミ・ミツル）
■生年／1980年1月21日
■主な仕事の実績
古民家の改修
住宅の新築
公共建築の新築
改修
■まちづくりなど建築に関連した活動歴など
ひろしま木造建築塾修了建築士

■所属団体
（一社）島根県建築士会
ひろしま木造建築協議会

Office DATA
事務所名／AK建築設計事務所
代表者／小泉満
所在地／山県郡北広島町春木1519
電話／0826-72-6375
ファクス／0826-72-6375
ホームページ／http://www.khiro.jp/info.ak-ado/
E-mail／info.ak-ado@khiro.jp

現在の広島（錦織亮雄提供）

株式会社新広島設計
錦織 亮雄

絶望と復活の意味を問い続ける、
中四国最大の街・広島再生の立役者

絶望の狭間に見た希望の息吹

　1945年8月6日、錦織さんは7歳だった。爆心地までわずか1.8kmの自宅から、大けがを負った母と姉弟、祖母とともに無我夢中で避難所へ向かったのを今でも鮮明に覚えている。一瞬で廃墟と化した市中を血みどろで逃げ惑う人々、道なき道の道すがらに散乱したもはや何者とも分からぬ無数の死体。晴天の庭で洗濯物が乾くのをのんびり眺めていた、ついさっきまでと同じ世の有様とはとても思えなかった。

　建築設計を学ぶため京都の大学へ進学したのは、それから十数年後のこと。青年となった錦織さんを導いたのは、原爆投下後の焼け野原の先に見た「絶望の奥深くにあるとてつもない解放感」（錦織さん）だった。目に見えるものは、確かにすべて失った。けれど世のすべての物事は、メタフィジカル（非物質）な世界の産物にすぎない。ならば道も家も食べるものも、すべてなくなっても町は必ず蘇生する。目の前の巨大な空洞の中に、錦織さんは確かな未来の息吹を感じ取っていた。

物質を超えた思いが支えた復興

　大学卒業後、関西の事務所勤務を経て帰広すると、戦後復興の心意気に燃える仲間とともに懸命に働いた。高度成長期真っ只中とはいえ戦後の傷跡もまだ深く残っていたその時代は、国の在り方や自分の生き方を大真面目に考える若者が山ほどいて、ただでさえ寝る間もない忙しい日々の合間を縫っては壮大な夢を語り合った。そして広島に戻って5年目の1965年、市中心部を約4kmにわたって横断する道幅約100mの大通りがやっと開通。錦織さんが一般住居から学校、商業施設など数々の建築設計を手掛ける傍らで、商店や飲食店、娯楽店が次々と開店し、町はいっそうにぎわいを帯びていった。「戦後復興の時代のまちづくりは、現代のそれとは次元が違った。商業施設やオフィスを建てるより先に公園や児童センターをつくったし、建築は建築を超える価値をもって街と一体化した。被災した子どもたちの心の傷を癒やそうと物資のない中で『ぎんのすず』という優れた児童雑誌を必死で発行したり、市民球団が立ち上がると生活を忘れて応援に行ったり。食べるものを我慢しても夢や希望のために生きた。道路をつくるために土地の一部を明け渡さ

焼け野が原の広島（撮影：米軍　提供：平和記念資料館）

黒焦げの被爆樹木
（提供：平和記念資料館）

頑強に生き延びた被爆樹木（錦織亮雄提供）

現在の金座街　アーケード設計（錦織亮雄提供）

終戦後の金座街
（撮影：佐々木雄一郎）

奇跡的に残っていた広島城内学問所から移築されたとみられる蔵

修道学園内に移築復元した蔵（錦織亮雄提供）

なければならなくなっても不満を漏らす人さえいなかった。広島は、すべての根底にメタフィジカルな、物質を超えた思想があったからこそ実現した街。経済的にははるか豊かになっても、経済至上主義にとらわれすぎた今の時代には平和大通りも平和公園もとてもつくれない」。

広島の存在価値を世界へ発信

　広島復興の立役者の一人としてその変貌の中に身を置き続けてきた錦織さんも、今年で齢80歳。建築家として今も依頼に応えることはあるが、近年は戦前建築を再現・移築したり、広島の被爆樹木から採れた種や苗を世界に送ったりといった平和発信活動に主軸を置く。「建築家の仕事じゃないと言われるかもしれませんが、本来アーキテクトとはあらゆる物事を創造する人のこと。建築家としてこの地に根差して生きてきた私にとって、広島という都市の意味を深めるために活動するのは当然のことなんです。昔はみんなこうやって自分の足下にあるコミュニティの中で自分の役割を果たしながら生きていた。建物を造るだけなら誰にでもできる。街の在り方を包括的に考え、その存在価値を高めていくことこそコミュニティアーキテクトの最大の使命なんです」。

錦織　亮雄（ニシキオリ・アキオ）
■生年／1937年広島市生まれ
■主な仕事の実績
日食広島支店
西区民文化センター
広島金座街アーケード
匹見峡温泉
千代田ゴルフクラブ　他

■受賞歴など
広島市優秀建築物賞（日食広島支店、西区民文化センター）
広島県景観大賞（広島金座街アーケード）
■所属団体
（公社）日本建築家協会／（一社）広島県建築士事務所協会／（一社）広島県建築士会／広島県ヘリテージ協議会／グリーン・レガシー・ヒロシマ・イニシアティブ

Office DATA
事務所名／株式会社新広島設計
代表者／錦織亮雄
所在地／広島市中区国泰寺町1-8-30
電話／082-243-2751
ファクス／082-249-8374
ホームページ／http://www.shinhiro-sekkei.co.jp/
E-mail／nishikiori@shinhiro-sekkei.co.jp

「照源寺」本堂。内部は布教を主眼に置いた浄土真宗のしきたりに従って、内陣より外陣により広く空間を割いている。

有限会社元廣建築設計事務所
元廣 清志

学びと挑戦への強い気概で
建築界の駆け込み寺的存在に

住宅から寺社、工業倉庫まで

　一般住宅やオフィス、福祉施設、公共施設の類はもちろんのこと、冷凍倉庫に寺社仏閣まで依頼があれば何でも受ける。極めて専門的な知識と技術を要する、難しい案件も数多く手掛けてきた元廣さんは「『どこに行っても取り合ってもらえなかった』とお客さんが頭を抱えて相談に来られる。それを次々と引き受けているうちに、特殊なものばかり増えてしまって」と話す。人脈の広さも手伝って、今や方々から多種多様な依頼が寄せられる地域の駆け込み寺的存在だ。

　例えばその中の代表作のひとつが浄土真宗本願寺派・照源寺。過去にも中小の寺社はいくつか経験があったが、本堂、客殿、納骨堂に涅槃像収蔵庫など10近い建屋の新築に複数の移築を伴う大規模な仕事はこのときが初めて。宗派によって本堂の目的やしきたりも異なるため、受け継がれてきた歴史的背景まで細やかに再現しなければならない難しさがあった。この仕事は元廣さんでなければできなかった、といっても過言ではないだろう。というのも実は元廣さんは、副住職の肩書も持つ僧侶。若かりし頃、「自分ではそのつもりはなかったが、教区役員になったのを機に周囲にしきりに勧められて」仏教学院に進学。その後さらに厳しい得度習礼、教師教修にも臨んだのだそう。寺社仏閣への造詣が深いのは当然で、施主である照源寺住職も安心して任せたに違いない。

施主、地域への想いを原動力に

　特殊な仕事は寺社仏閣だけではない。3年前に完成した尾道の巨大冷凍倉庫もまた、高い技術が求められた物

「照源寺」本堂手前からの遠景。左奥に見えるのは納骨堂で、周辺の環境をあらかじめリサーチした上で内部のラックの大きさまで提案した。

DATA
名称：照源寺
所在地：広島県尾道市御調町神
構造・規模：木造・地上1・2階建／鉄骨造2階建／RC造1階建
竣工：2004年10月～2007年12月

移転新築工事を手掛けた「照源寺」。木造建築の在来工法によって、長年培われてきた伝統を開花させることに成功した。

周辺の環境を意識して寺社風のデザインを取り入れた特別養護老人ホーム「浦崎寮」は、第2回尾道市優秀建築物ビル部門入賞作。

尾道冷凍工業・箕沖センター外観。

件だ。もっとも気を使ったのは温度管理と空調効率。人の出入りを抑えるため内部は上下左右に行き来するシャフトが製品を移動させる仕組みで、その動作はすべてコンピューター管理。倉庫機械メーカーと共同で取り組んだものだが、開発から設計まで検証に検証を重ねてようやく完成させた自信作だ。「専門知識や経験がない分野でも、大抵は勉強すればできるものですよ」と元廣さんは言うが、未開の分野にも常に果敢に挑戦し続けるそのフロンティア精神こそ、まさに元廣さんの最大の強みだ。「お客様のため、地域のためにと思えばどんなことにも探求心をもって臨む気持ちは絶対不可欠。最近はスペシャリストを目指す若者も多いようですが、自らの可能性を制限せず、前向きにトライする気概を持った若手にどんどん出てきてほしい」と次代の成長に期待を寄せる。

元廣清志（モトヒロ・セイシ）

■生年／1946年11月4日

■主な仕事の実績
照源寺（移転新築）／学校法人尾道学園 本館棟・食堂棟ほか／尾道市立木頃小学校・幼稚園／特別養護老人ホーム ひかり苑／適合高齢者専用賃貸住宅 ヒューマン／古島整形外科医院／今岡製菓㈱工場・事務所／尾道冷凍工業㈱高須冷蔵庫／中屋本舗新尾道駅前店／尾道市農村環境改善センター／御調町営神西住宅ほか多数

■受賞歴など
尾道市優秀建築物ビル部門入賞（1992年11月）

■まちづくりなど建築に関連した活動歴など
広島県建築士審査会／尾道市建築審査会／尾道市景観審議会／尾道市景観計画策定委員会／尾道市まちなみ形成推進委員会／消防庁長官表彰（公社）日本建築士会会長表彰／文部科学大臣表彰

■所属団体
（公社）広島県建築士会／（公社）日本建築家協会／（一社）広島県建築士事務所協会／（一社）建築設備技術者協会／（公社）日本建築構造技術者協会／（公社）日本建築積算協会／尾道東ロータリークラブ

Office DATA
事務所名／有限会社元廣建築設計事務所
代表者／元廣清志
所在地／尾道市西御所町6-15
電話／0848-23-5300
ファクス／0848-23-8499
ホームページ／www.urban.ne.jp/home/madesign
E-mail／madesign@urban.ne.jp

株式会社G proportion アーキテクツ

八納 啓創

デザイン×設計×書籍×講演……
さまざまな方法で伝える幸せの住宅

ライフスタイルデザインから始まる住宅設計

人と地球環境に優しい建築を探求する八納さんが施主との打ち合わせ時にまずヒアリングするのが「どのようなライフスタイルを送りたいか」「家を手に入れることでどのような夢を叶えたいか」ということ。そこから抽出されたエッセンスを元に施主のライフスタイルをデザインし、それに基づいた空間を設計していく。その一つのツールとしてこだわっているのが、高断熱、高気密そして省エネを兼ね備えた住宅だ。

中国地方で早い段階から次世代省エネ基準の2〜3倍の「高断熱・高気密化」を図った住宅設計に取り組み、45坪の家が12畳用エアコン1台だけで全て賄える住宅も完成させている。広島市東区で手掛けた新築住宅においてもこの理念は変わらない。施主からの要望は、「真冬でも無暖房で15度以下にならない省エネ性能」、そして「建築家ならではのデザインの洗練された住宅」というもの。空間の広さを最大限に活かすために1.5層ほどの高さで吹き抜けになった立体的な2階LDK、段差を使ったステップフロアなどを組み込み、さらに特注の階段手摺や、照明、石やタイル、木材の組み合わせを、現地で一つひとつ確かめながら作り上げていく。最大の特長はリビングの大きな開口部。高断熱・高気密の住宅は開口部が小さくなりがちという概念を取り払い、冬でも晴れている日であれば暖房不要の空間を生み出している。

こうしたノウハウや考え方は、住宅のみならず幼保施設や福祉施設などにも活かされている。通常では鉄骨や鉄筋コンクリートで建築することが一般的な幼保施設に、日本木造住宅産業協会の大臣認定工法を採用し、日本初の木造での耐火幼稚園設計を実現している。そうすることで建築費を抑え、さらには木造の特性を生かした省エネで高断熱、高気密の建物になっている。

「住む=幸せ」を伝えることが建築家の使命

八納さんの仕事は建築、デザインのみならず、書籍や講演など多岐に渡る。住まいづくりは良くも悪くも住む人にさまざまな影響を与える。そのため建築家が幸せに結びつく家づくりを伝えていかなければならないというのだ。「幸せを意図して造り上げた空間には、人を幸せにする力がある」と八納さん。社名のGが表す共通の頭文字に込められた「黄金比率、グローバル展開、緑・自然を考える、世代をつなぐ、自然の恩寵を授かる、授かったもの、起源、分かち合う」の8つの意味を胸に、これからも住む人が幸せになる家を発信していく。

外からの視線、そして室内から見える向かいの山の景観を意識して、2階にLDKを設けている。

大きな窓から光を十分に取り込めるよう、天井の高さも考慮し開放感ある空間に。リビング奥の中3階には書斎も完備。

玄関口とその隣に建つ車庫との一体感を生み出すために、上にウイングを思わせるようなゲートを設置。奥行き感と規模感をもたらしている。

DATA
名称：今田様邸新築工事
所在地：広島県広島市東区
構造・規模：木造2階建て、延べ床面積192.7㎡（車庫は除く）
竣工：2015年11月～2016年11月

住宅2階の窓枠には、象徴として十字のデザインを採用。向かいに建つ教会の十字架とマッチする遊び心が含まれている。

中庭中心部と車庫の上部は緑化して活用。白と木目の壁面と緑とのコントラストが美しい。

八納 啓創（ヤノウ・ケイゾウ）

■生年／1970年兵庫県神戸市生まれ

■主な仕事の実績
個人住宅95棟
幼保施設3棟
福祉施設4棟　など

■所属団体
(公社)日本建築家協会
(一社)パッシブハウスジャパン
(公社)広島建築士会

Office DATA
事務所名／株式会社G proportion アーキテクツ
代表者／八納啓創
所在地／広島市南区宇品神田3丁目1-3
電話／082-207-0888
ファクス／082-207-0880
ホームページ／http://keizo-office.com
E-mail／info@keizo-office.com

八納さんの著書

撮影 新建築社写真部

「相馬 こどものみんなの家」
設　　計：伊東豊雄建築設計事務所 ＋ クライン ダイサム アーキテクツ
構　　造：Arup
施　　工：シェルター
敷地面積：19,807.78㎡
建築面積：　　176.63㎡
延床面積：　　152.87㎡
階　　数：地上1階

「木造で建てられる」を拡げ、「木造で建てたい」を叶える。
常識に捉われない自由な発想が、木造建築の未来を拓きます。

妥協することなく、イメージをそのままカタチに。

山口の
建築家
ARCHITECTS IN YAMAGUCHI

「道の駅阿武町」の全景。日本海に面した絶好のロケーションを生かし、町のシンボルである夫婦島の「鹿島」が正面に見えるよう建物を配置。海と鹿島への眺望と視軸の強化を図った。

有限会社堀設計事務所

三村 夏彦

伝統建築の良さと現代の建築技術との
ハイブリッドをめざして

地産地消、地材地建をコンセプトに

　約20年前から木造建築の利点に注目してきた三村さんは、萩市内にある明治中期に建てられた家で育ち、木造りの快適さや伝統構法の知恵や工夫を実感してきた。

　全面リニューアルを手掛けた「道の駅阿武町」では、町の面積の8割以上が山林という豊かな森林資源を生かすため、建材はすべて地場産の杉・ヒノキを使った。地場産材は豊富にあったものの、地元製材所が減ってきた中、建材の完成を待ちながらの工期の調整に苦労したという。

　元々の建物は平成5年に道の駅第1号として全国に先駆けてオープンし、町の人にも愛着と思い入れのある施設だったが、20年を経て売り場面積の不足や高齢化社会に対応する段差の問題が生じて建替えることになった。以前は各棟がバラバラに分棟されていたところを屋根でひとつに繋げ、高低差をなくしてバリアフリー化した。また、館内はハイブリッド構法で柱を減らし、広い店舗空間を実現。さらに、海に面した眺望デッキを作り、温泉棟にあるガラス張りの浴室や露天風呂からも海が眺められるようにした。町のシンボルである夫婦島の「鹿島」を正面に見据える、ロケーションを最大限に生かしたリニューアルになった。

　三村さんは設計において、アクシス（軸）とVISTA（視線）の関係も重視している。防府天満宮の表参道に面した観光拠点施設「うめてらす」では、天満宮のシンボルである梅の木を中庭の中央の軸に据えた。その周囲を取り囲むように休憩スペースや食事処、特販所などを配置し、メインエントランスの正面からも梅の木が見えるようにした。

　県産材のみを使用した木構造平屋建てで、周辺に残る江戸期の町屋の景観に溶け込むように配慮しながら、現

「道の駅阿武町」の店舗空間は、梁間方向12.74mスパンを張弦梁構造で柱のない広い空間にして、売り場構成の自由度を高める設計とした。

「防府市うめてらす」萩往還に面する外観。夜になると、矢切部分に丸いガラスブロックから内部の光が漏れ、木のシルエットが映し出される仕掛けになっている。

レストラン内部は登り梁とハサミ梁の合成梁を使用し、無柱で解放感のある空間に。内部席から半外部のデッキ席へ、芝庭から日本海へと視界が広がっていく。

中庭に天満宮のシンボルの梅の木を配置。外部空間と深い庇のある半外部空間、内部空間が重なり合い、イベントなどに柔軟に対応できるスペースとした。

DATA
名称／道の駅阿武町
所在地／山口県阿武郡阿武町
構造・規模／木造平屋建一部RC造2階建、延床面積1863㎡
施工期間／2013年5月～2014年3月

在の技術やデザインを少しずつ挿入する工夫も加えた。
　伝統建築の良さを伝え残していくために、いかに現代構法を組み合わせていくかを考えているという三村さん。
　「萩市内の木造建築は300年から400年以上昔の姿を保っているものもあります。維持管理さえきちんとすれば、木が本来持つ耐久性や省エネ性能が充分に発揮される。しかし最近では職人さんや左官屋さんが減ってきていて、このままでは木造建築を維持していく人がいなくなってしまう」と今後を憂う。萩市には全国でも珍しいという地元大工さんだけの組織があり、今後はそことも設計段階から連携を取って、伝統建築の保存のために協力し合っていきたいと話す。
　「過去の蓄積なくして新しいものは生まれない。歴史を深く知れば知るほど新しいアイデアも思い浮かんでくるはず。今でもずっと勉強中です」と謙虚な姿勢を伺わせた。

三村 夏彦（ミムラ・ナツヒコ）
■生年／1956年7月25日
■主な仕事の実績
道の駅阿武町／河野医院／防府市観光交流・回遊拠点施設うめてらす／萩市立図書館・児童館／田万川総合事務所／山口はぎ水産物地方卸売市場／萩しーまーと
■受賞歴など
山口県文化功労賞／萩市文化功労賞／山口県芸術文化振興奨励賞／萩景観賞／（社）文教施設協会協会賞／まちのよそおいネットワーク優秀賞
■所属団体
（公社）日本建築家協会／（一社）日本建築学会／（一社）日本建築美術工芸協会／（一社）山口県建築設計事務所協会／（一社）山口県建築士会

Office DATA
事務所名／有限会社 堀設計事務所
代表者／三村夏彦
所在地／萩市大字川島338
電話／0838-25-1547
ファクス／0838-25-2452
ホームページ／http://horiarch.com
E-mail／horiarch@lime.ocn.ne.jp

島根の
建築家
ARCHITECTS IN SHIMANE

白根博紀建築設計事務所
白根 博紀

敷地の特性を活かした豊かな空間と、町並みに融合する家づくり

目に見えない環境をデザインする

「建築現場の進行状況を毎日でも確認したい」と、現場に頻繁に足を運び、施主と一緒に建設過程で詳細を確認しながら進めていく白根さん。図面だけでは分かりにくい実際の建物の大きさや空間の広さなど、施主にもスケール感やイメージを現場で感じてもらうことを大切にしている。

宍道湖景観形成地区の一畑電車沿線に位置する「株式会社佐藤組」の事務所建築は、創業50周年の記念事業として計画。佐藤組は、土木・建築事業および電気通信設備、送電線建築事業等に加え、近年は太陽光発電システムや小型風力発電など環境事業にも取り組んでいる。そこで従来の土木からのイメージを一新するため、未来的でスタイリッシュな外観へと職場環境の改善を図った。

建物の外装は、電車の騒音対策として用いられる遮音性の高いコンクリートパネルで事務所部分を囲い、その表層に室内に自然の光を取り入れることができるガラスルーバーを設置。コンクリートパネルとガラスルーバーの二重構造は、佐藤組の今まで（歴史）とこれから（未来）を表現している。さらに、外装と表層の間にグリーン（緑化）を用いたベランダ「環境スクリーン」といわれる層を取り付けることで、"歴史と未来をつなぐ"ことを表現した。「環境スクリーン」のグリーンが成長すれば外部からの目隠しや夏の強い日差しを遮り空調を保つ役割も担っている。また、内装は白を基調とし、廊下と階段の境には風や光、視界を遮ることのない格子のパネルを使用。事務所内は共有スペースを取り入れるなど、開放的で風通しの良い職場環境を実現した。

環境を味方にした、心地よい空間づくり

「建築は敷地があってこそ成り立つもの。その敷地の特徴をいかに活かせるか、そのうえで空間を豊かにできるかが重要。経年とともに風景に馴染み、趣・美しさが増す建築を心掛けています」と話す白根さんは、川沿いにある敷地に「奥谷の家」を建設。川に面した西側には障害物がないという環境を活かし、小さいながらも開放的で豊かな空間を有するコンクリート住宅を実現させた。

西に一面の大きなガラス窓を配したことで、眺望はもちろん、冬には温かく心地よい西陽を室内に取り込み、夏はコンクリートのフレームで厳しい西陽を遮るなど、敷地の利点を活かし弱点を補う設計がなされている。

その場所（敷地）の特徴を生かし、住む人が幸せを感じる家。施主に寄り添ったリアルな経験と豊かな空間づくりへの思いが、末永く愛される建築を生み出す。

店舗併用住宅「北田町の家」の外観。デッキ材を建物の側面全体に使用した外装は、年月の経過とともに色が変化し趣を増す。

「北田町の家」内観（LDK）。光を取り入れるトップライトを多数設置。反射板の角度を冬至の日射の入射角にすることで、冬は部屋の奥まで光が入るように、夏は光が拡散するようになっている。

「株式会社佐藤組」別館。敷地を最大限活用するため、1階を駐車スペースに。

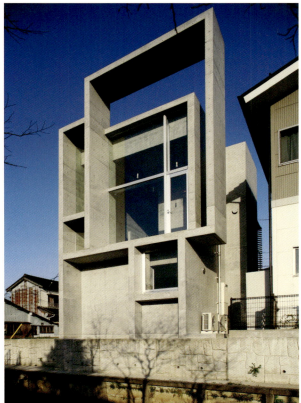

コンクリートの打放し・グリーン・水のコントラストが印象的な「奥谷の家」。意匠としても映える長方形のコンクリートのフレームは、夏の厳しい西陽を遮ってくれる。

DATA
名称：株式会社佐藤組 別館
所在地：島根県松江市堂形町
構造・面積：鉄骨造3階建て、延床面積435㎡
施工期間：平成24年8月～平成25年7月

白根 博紀（シラネ・ヒロキ）
■生年／1958年12月10日
■主な仕事の実績
伯太町商工会議所
井尻老人福祉センター
井尻保育所
佐藤組別館
個人住宅多数

■受賞歴など
しまね建築・住宅コンクール奨励賞など

■まちづくりなど建築に関連した活動歴など
NPO法人まつえ・まちづくり塾代表

■所属団体
（公社）日本建築家協会
（公社）島根県建築士会

Office DATA
事務所名／白根博紀建築設計事務所
代表者／白根博紀
所在地／松江市学園南2-5-13
電話／0852-28-5466
ファクス／0852-28-5467
ホームページ／http://shirane-ao.com
E-mail／hiroki.s@friend.ocn.ne.jp

アジアンテイストの家具と暮らす家＝リビング。壁、天井は全て左官仕上げであり、ペンキやクロスでは味わえないしっとりした落ち着いた空間を演出。またアルミ建具を使用せず、レトロガラスをはめ込んだ木製建具を使うこだわりも。

有限会社 環境計画建築研究所
矢田 和弘

同化し過ぎず、独善的になり過ぎず。
誰もに、何かを語り掛ける最良の建築を

所有者のみならず、多くの人に何かを語る建築

　松江中心部からほどなく離れ、宍道湖を望む湖畔に事務所を構える「有限会社 環境計画建築研究所」。父親は、昭和25～30年に松江城の解体修理技師を務めた日本の伝統建築の設計者であり、建築家を目指した矢田さんに大きな影響を与えている。そして松江という環境も……。

　建物の設計に際しては、「周囲の自然や街並みがより美しく、また、より豊かになるよう配慮することは当然。しかし、それは周囲に同化するだけが最良でもなく、また周囲と背を向け、独善的であってもならないと思います」と矢田さん。建築は所有者や利用者だけのものではなく、その前を通り過ぎる人、遠くから眺める人にとっても、その存在が何かを語り掛けるようなものであるという。現に彼が今までに手掛けてきた建築がそうだ。町並みに溶け込みながらも、松江文化巡りのスタート地点として観光に新しい息吹を生み出した「松江歴史館」や、木造校舎で赤い石州瓦が印象的な「広瀬中学校」に、その理念を見て取ることができる。

　彼が手掛けた松江市に建つ「アジアンテイスト」の家具と暮らす家も同様だ。

　施主との付き合いが長く、信頼関係が築けている状態ではあるが、3軒目ということで期待値も高く、設計は真剣勝負のようだったと言う。そうして施主と互いに刺激し合い建てられた家には、こだわりが随所に見られる。左官でしか作り出すことができない表現を求め、あえて鏝むらをつけた漆喰塗りの外壁。薪ストーブを中心に緩やかなカーブを描いた腰壁で軽く仕切られたリビングとキッチンは、深草砂利三和土の玄関と半屋外のテラス、庭

リビングより先のゲストルームへは、屋根に重なるように植樹した雑木林風の庭を横目に眺めながら、半屋外のテラスにより往来する。

松江歴史館＝外観。国宝松江城内濠沿いにある家老屋敷跡の限られた敷地のなかで、高さ10ｍの法規制を考慮し、屋根を分節することで高さを抑え、屋根裏に予備収蔵庫、機械室などを設け、城をはじめ城山内濠地区の景観に応える。

屋根は瓦の波形の美しさがより分かるよう樋をなくし、瓦と併せてリズミカルな垂木現しの深い軒に。打放し壁は、厚みの異なる杉板をランダムに用いて凹凸と陰影をつくりだしている。

松江歴史館＝玄関・ホール。履物を脱ぐ爽快感や足にやさしい歩き心地、足音がしない、床に座してのイベント観賞などを考慮し、玄関に下足入れを設け、収蔵庫・前室・廊下は木製無垢フローリングに。

1階平面図

DATA
名称／「アジアンテイスト」の家具と暮す家
所在地／島根県松江市
構造・規模／木造（一部RC造）　延べ181㎡
施工期間：2015年5月〜2015年12月

矢田 和弘（ヤタ・カズヒロ）
■生年／1944年斐川町（現：出雲市）生まれ
●主な仕事の実績
山口邸／陶芸家の家／松ヶ丘の家＋診療所／西郷小学校／磯小学校／西野幼稚園／広瀬中学校／由志園「菖蒲」及び「平成の人参方」／レストラン「シェリール」／浅野小児科医院／川上外科病院／松江東キリスト教会／月照寺高真殿／鹿島町CATV放送局舎／ワコムアイティ社屋

■受賞歴など
第15回公共建築賞優秀賞／甍賞／JIA中国建築賞2011優秀賞／2008年度文教施設協会賞／しまね建築文化賞／島根県建築賞大賞／しまね景観賞数度　ほか

■所属団体
（公社）日本建築家協会／（一社）島根県建築士会／（一社）島根県建築士事務所協会／松江東ロータリークラブ

Office DATA
事務所名／有限会社環境計画建築研究所
代表者／矢田和弘
所在地／松江市浜佐田町982-1
電話／0852-36-8266
ファクス／0852-36-9133
ホームページ／http://www.kankyou-keikaku.com
E-mail／kankyou@ceres.ocn.ne.jp

が一体となるよう工夫されている。特にリビングから庭を望む景観は、まるで一枚の大きな絵画のようにも思えるほどに印象的だ。もちろん施主が持っているアジアンテイストの家具が活きるよう、設計サイズを家具に合わせることにも余念はない。

建築の社会的責任を加えた魅力的な住まいに

「建築の設計という創造的行為は、社会に対して大きな責任があります」と矢田さん。では、その責任は誰にかかるのか。もちろん設計者である。施主の思いや考えを明快に表現するだけではなく、周囲との関係性全体を俯瞰で見た設計者の責任が加わってこそ、魅力的な家が完成するのだ。

海士町立福井小学校＝正面。隠岐の島の木材を被覆し準耐火構造とした。昇降口を抜けるとすぐに図書館に通じる。子どもたちの姿が風景に溶け込んでいる。

有限会社アイエムユウ建築設計事務所
山根 秀明

風景に馴染み、人々の記憶に溶け込む。
時間と共に魅力を増していく建築を目指して

　実家が代々工務店をしており、"住宅"というものが身近にあった。そんな中で建築家を志したのは、「鉛筆一本で大きな仕事ができることに魅力を感じたから」という山根さん。東京のアトリエ系建築事務所で修業した後、地元島根にUターン。戻ってからは「地域に根ざした建築をしたい」と、クライアントに寄り添い、一緒になって建築物を作り上げているそうだ。そして、地域資源や環境に配慮した提案にも力を入れているという。

　「街を元気にしたい」という想いでNPO法人まつえ・まちづくり塾にも10年以上関わっている。「住民参加型のまちづくり」を心掛け、公共工事に住民の意見をどう取り入れ、盛り込んでいくかを市民の目線で気を配る。利用する住民と施設とをつなぐばかりでなく、そこに愛着や想いを持ってもらえるようにとの心配もあった。まちづくり塾には建築家以外のメンバーも集まり、町歩きや地域資源の発掘、発信もしている。

子どもたちの生き生きとした姿も景観の一部に

　日本海の離島、隠岐諸島にある海士町。市町村合併をせず、独自路線で活性することで全国的にも注目を浴びている場所だ。「島丸ごと図書館構想」を掲げ、教育に力を入れる海士町の小学校や中学校、中央図書館の改修・増改築に携わった。海士町に関わり始めたきっかけは、環境省の事業である中学校エコ改修のプロポーザル。島独特の条件下で、アイデアを練って形にした。

　中央図書館、小・中学校の図書館を島全体の図書館として利用できるものにする。小学校の図書館は昇降口正面から見えるように配置し、中学校は3階にあったもの

ウッドデッキの中庭は、廊下や図書館から生徒が自由に出入りできる。図書館、中庭、食堂と視線が通る。

DATA
名称：海士町立福井小学校
所在地：島根県隠岐郡海士町福井
構造・規模：木造　1,460㎡
施工：2014年10月〜2015年11月

学校正面には静かな諏訪湾の海面。周辺の緑や海とも調和しながらも存在感を醸す福井小学校。

海士町中央図書館＝室内。本棚の制作には、間伐材を組み立てて作るキットを計画。ワークショップで島民が図書館づくりに参加した。

海士中学校のエコ改修として、エコガラスや耐震壁、エコフレームを導入。CO_2排出量を10％削減した。環境省の学校エコ改修モデル校。しまね地球温暖化防止活動の大賞を受賞した作品。

を1階に降ろした。中央図書館の本棚には間伐材を利用し、島民参加型のワークショップとして皆で作り上げた。使われた木材は、全て隠岐の島から採れたものだとか。

　海士町立福井小学校の改築では、平屋と2階建ての切妻屋根の形を継承しつつ新しい小学校の風景を作り出すことを意図した。また、工事のプロセスでは仮校舎を作ることなく、既存の校舎を利用することで経費節減にも成功している。至るところに山根さんの工夫とアイデアが散りばめられた福井小学校は、時間の経過と共に風景に馴染み、人々の記憶に溶け込むようにと、周辺の自然環境や海の色とも調和させた。玄関脇には定植した銀杏の木が。それは、子どもたちの成長を見守りながら成長していくのだろう。子どもたちの生き生きとした活動も含め、景観の一部になることを願っている。

山根　秀明（ヤマネ・ヒデアキ）

■生年／1958年7月21日

■主な仕事の実績
美保関町庁舎／美保関町立東保育所／海士中学校エコ改修／海士町中央図書館／海士町立福井小学校／松本歯科医院／上乃木のアトリエ　他

■受賞歴など
第1回島根建築文化賞優秀賞／第16回、第22回しまね景観賞優秀賞／平成19年度しまね建築住宅コンクール優秀賞

■まちづくりなど建築に関連した活動歴など
NPO法人まつえ・まちづくり塾のメンバーとして、松江のまちを元気にしていくような活動に参加

■所属団体
（公社）日本建築家協会／（一社）日本建築学会／（一社）島根県建築士会

Office DATA
事務所名／有限会社アイエムユウ建築設計事務所
代表者／山根秀明
所在地／松江市国屋町381-25-2
電話／0852-28-1125
ファクス／0852-28-1125
ホームページ／http://www.imu-co.jp
E-mail／imu@imu-co.jp

おかげさまで
「1級建築士合格者数日本一」を
達成し続けています。
これからも有資格者の育成を通じて、
業界の発展に貢献して参ります。

総合資格学院 学院長
岸 隆司

Face to Face!
inter-live!

日本で最も多くの1級建築士を輩出し続けている学校です。

※平成24～28年度(過去5年累計)1級建築士設計製図試験 合格者合計19,562名中、当学院受講生10,636名。全国合格者占有率54.4%。
平成28年度1級建築士設計製図試験 全国合格者3,673名中、当学院現役受講生1,957名。全国合格者占有率53.3%。

全国 ストレート合格者占有率 No.1

1級建築士 試験
平成24～28年度［過去5年累計］
全国 学科・製図 ストレート合格者占有率
［学科＋製図合格］
平成24～28年度
全国ストレート合格者 8,520名中
当学院受講生 5,015名

58.9%

他講習利用者＋独学者 / 当学院受講生

※総合資格学院の合格実績には、模擬試験のみの受験生、教材購入者、無料の役務提供者、過去受講生は一切含まれておりません。※全国ストレート合格者数は、(公財)建築技術教育普及センター発表に基づき算出。＜平成28年12月15日現在＞

より上位の技術者へ！
1級建築士合格実績No.1指導校の**上位資格対策講座!!**

実務に従事される方が、自らの知識と経験を第三者に証明するために最も有効な方法は、専門性の高い、より上位の資格取得です。設備に関する熟練者としての建築設備士、設備設計1級建築士、構造に関する専門家としての構造設計1級建築士。資格取得は更なる躍進への絶好機です。

 構造設計1級建築士対策講座　 設備設計1級建築士対策講座　 建築設備士

各種講座の詳しい情報や受講相談など、お電話またはオフィシャルサイトからお気軽にお問い合わせください。

法定講習
法定講習サイト　検索　hotei.shikaku.co.jp
一級・二級建築士定期講習 / 管理建築士講習 / 監理技術者講習 /
第一種電気工事士定期講習 / 宅建登録講習 / 宅建登録実務講習

平成29・30年度 **受講生募集中** 無料体験入校実施中!
お気軽にお問い合わせください

- 1級・2級 建築士
- 構造・設備設計1級建築士
- 1級・2級建築施工管理技士
- 1級・2級土木施工管理技士
- 建築設備士
- 1級管工事施工管理技士
- 宅地建物取引士
- インテリアコーディネーター

 総合資格学院
スクールサイト http://www.shikaku.co.jp 　総合資格 検索
コーポレートサイト http://www.sogoshikaku.co.jp
Facebook ⇒「総合資格 fb」で検索！

岡山校　岡山市北区柳町2-6-25 朝日生命岡山柳町ビル 1F
TEL.086-235-5901

倉敷校　倉敷市老松町2-12-15 ホテル1・2・3倉敷 1F
TEL.086-430-4711

鳥取の建築家

ARCHITECTS IN TOTTORI

落ち着いた格式高い門構えの和邸宅。外観は外の人が家族（家）を認識するものだという考えから、家構えを大切にしている。

杵村建築設計事務所
杵村優一郎

長く愛される建造物を、誠実に作る。
日本人の感性に即した「和み」へのこだわり

　建築家を意識したのは10歳の頃。米子市公会堂の完成記念写生大会で訪れた際、その建造美に心打たれたという。大学卒業後は官庁出身で異色の建築家として知られる安田臣の事務所に勤め、7年間師事。「功名を得るために建築を作ってはならない。長く愛される建築を作れ」と、建築に取り組む姿勢を学んだ。「愛される」条件は「美しい」こと、「美しい」条件とは「誠実」であること、「誠実」とは偽りがないことである。設計士20人の事務所で安田臣に引き立てられ、海外研修にも送り出されたが、帰国後まもなく師が他界。それから2年後にUターンすることとなる。

　地元に戻り、1978年に杵村建築設計事務所を設立。山陰地方を中心に、個人住宅の他、医療・福祉施設、集合住宅や公共施設、事業所などさまざまな設計に携わった。依頼者の好みに忠実に応えるため、関わった建物は多様に見えるが、それでも「杵村の建築は一見してそれと分かる」と言われる。

　設計のキーワードは「和み」。歳月と共に劣化する軽薄な工業製品などではなく、伐採した後に強度が増すという木を用い、「強くて温かい」木造建築物を手掛ける割合が高い。テレビのリフォーム番組『大改造!! 劇的ビフォーアフター』で「和（なごみ）の空間仕立て人」と命名されるなど、地元でも名の知れた建築家となった。

　後進を育てるため、米子工業高等専門学校にて非常勤講師も務める。杵村事務所を経て独立した建築士もいる。外国人も積極的に受け入れ、彼らが自国で和の建築を作るなど、「和み」の建築思想の波及が期待される。

DATA
名称：Ty邸
所在地：鳥取県米子市皆生
構造・規模：木造一部鉄筋コンクリート造
　　　　　2階建、延床面積290㎡
施工期間：2013年3月～10月

引込建具により開放的な縁を施した。

客人専用玄関の正面に中庭が現れる。採光と同時に庭の美しい姿が客人をもてなす。

山崎整形外科クリニック＝外観。周辺環境と調和し景観の形成に貢献するとされ、2015年米子市景観賞を受賞。

山崎整形外科クリニック＝待合室。レントゲン室のコンクリート壁を露出させ、モダンなアクセントにした。

2013年全国植樹祭のお野立所。アーチ状の屋根や梁で木造建築の可能性を示した。

本物を誠実に作る姿勢

　住宅はそこに暮らす家族の人格を具現する建造物だ。不誠実なデザインや不誠実な材料を嫌い、「本物」を「誠実」に作る。日本人本来の感性に即した「和み」空間だ。格式高い設えの門、中庭・裏庭・縁側など環境と調和し、自然や四季を取り入れられるよう細かな心配りが際立つ。「日本語の『家』は建物であると同時に社会における立場を表す言葉。外に対する家構えを大切にしたいという考えから、内側の空間だけでなく、外観にもこだわりを持っています」と話す。クライアントの笑顔が最高の喜びという杵村さんは、日本人の感性や自然、環境との調和を大切に、長く愛される建築を目指して「和み」の空間を作り続けている。

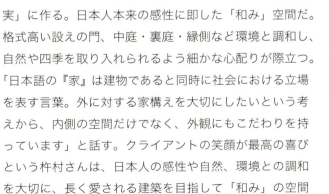

杵村優一郎（キネムラ・ユウイチロウ）

■生年／1948年8月22日
■主な仕事の実績
サンシープラザ／ひさご屋／喜多原学園／県営誠道団地
■受賞歴など
1982年 鳥取県優良建築賞／1986年 米子市まちなみ文化賞／1992年 鳥取県まちづくり文化賞／1999年 鳥取県景観大賞／2001年 鳥取県建築士会会長賞／2014年 米子市景観賞／2015年 米子市景観賞　など
■まちづくりなど建築に関連した活動歴など
国立米子高専非常勤講師／米子市景観審議会委員
■所属団体
（公社）日本建築家協会／（一社）鳥取県建築士事務所協会／（一社）鳥取県建築士会／米子ロータリークラブ

Office DATA
事務所名／杵村建築設計事務所
代表者／杵村優一郎
所在地／米子市末広町144
電話／0859-32-4183
ファクス／0859-32-7215
ホームページ／http://www2.sanmedia.or.jp/yk-website/
E-mail／y-kine@sanmedia.or.jp

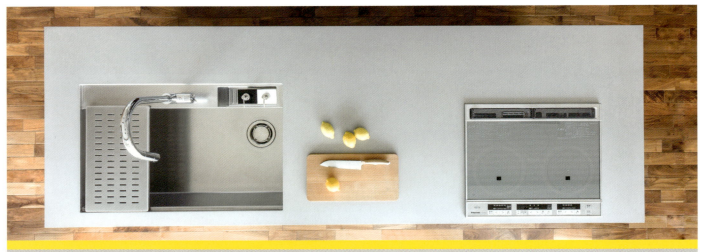

お客様の理想を叶える、
オーダーキッチン。

松岡製作所では、職人の高度な技術を活かし、あらゆるご要望に応じたオーダーキッチンや家具を製作。日本屈指の美しさと機能性を持つ、世界にひとつだけの製品を、ご提案させていただきます。

 **株式会社松岡製作所**

matsuoka-pro.com

オーダーキッチン／家具／ステンレス加工：デザイン／設計／製作
【本社・ショールーム】広島県広島市西区商工センター 8-9-33
【東京営業所・ショールーム】東京都世田谷区奥沢 7-1-3 自由が丘ランディックスビルⅡ1F
☎ 0120-477-473 ✉ info@matsuoka-pro.com

おかげさまで蜂谷工業株式会社は、2017年に創業100周年を迎えます。

SINCE 1917

HACHIYA
Construction Co.,Ltd.
100th Anniversary

限りない地域創造への挑戦 これからの百年も、当たり前を当たり前に

総合建設業
蜂谷工業株式会社

〒700-8608 岡山市北区鹿田町一丁目3番16号
TEL.(086)232-8111 FAX.(086)233-8310
http://www.hachiyakogyo.co.jp/

特集
建築賞
受賞作品紹介

― JIAの建築賞を受賞した作品

JIA日本建築大賞　受賞作品

日本建築家協会の本賞にあたる賞であり、年間を通じて特に際立った成果をあげた作品を表彰します。

▌2010年度　日本建築大賞

犬島精錬所美術館（岡山県）
三分一博志（三分一博志建築設計事務所）
アートワーク:柳幸典
企画・運営:公益財団法人　福武財団
2008年竣工　撮影:Sambuichi Architects

日本建築家協会賞　受賞作品

日本建築家協会の本賞にあたる賞であり、年間を通じて特に際立った成果をあげた作品を表彰します。

▌2010年度　日本建築家協会賞

広島市民球場（広島県）
仙田 満（仙田満＋環境デザイン研究所）
奥田 實（奥田建築事務所）
佐藤 尚巳（佐藤尚巳建築研究所）
金箱 温春（金箱構造設計事務所）
2009年竣工　撮影:広島市

JIA新人賞　受賞作品

才能に恵まれ真摯な努力を重ねておられる新進の建築家による作品を通して、人を表彰しわが国建築文化の一層の向上に寄与することを目的とした賞です。

▌第6回（1994年度）　新人賞

中原中也記念館（山口県）
宮崎 浩（プランツアソシエイツ）
1993年竣工　撮影: 北嶋俊治（アーキフォト）

▌第2回（1990年度）　新人賞

坂町のアトリエ（広島県）
村上 徹（村上徹建築設計事務所）
1988年竣工

JIA25年賞　受賞作品

25年以上に亘って「長く地域の環境に貢献し、風雪に耐えて美しく維持され、社会に対して建築の意義を語りかけて来た建築物」を表彰する賞です。

第14回(2014年度)

島根県立図書館（島根県）
菊竹清訓建築設計事務所（耐震改修：菊竹清訓建築設計事務所＋島根県総務部営繕課）
1968年竣工　撮影：島根県総務部営繕課

第13回(2013年度)

岡山県立美術館（岡山県）
岡田 新一（㈱岡田新一設計事務所）
1987年竣工

第11回(2011年度)

㈱創和設計（岡山県）
石井 修（美建・設計事務所）
1982年竣工

第7回(2007年度)

山口県立美術館（山口県）
（有）鬼頭梓建築設計事務所
1979年竣工

第7回(2007年度)

ひろしま美術館（広島県）
（株）日建設計
1978年竣工

第6回(2006年度)

岡山市立オリエント美術館（岡山県）
岡田 新一（㈱岡田新一設計事務所）
1979年竣工

第5回(2004年度)

UAゼンセン中央教育センター「友愛の丘」（岡山県）
（株）安井建築設計事務所
1976年竣工

第4回(2002年度)

倉敷アイビースクエア（岡山県）
㈱浦辺設計
1974年竣工
撮影：奥村浩司（フォワードストローク）

■ JIAの建築賞を受賞した作品

JIA環境建築賞　受賞作品

長寿命、自然共生、省エネルギー、省資源・循環、継承性などのテーマを通じて、社会資本としての建築を創造することができたかを評価する賞です。

■ 第15回（2014年度）住宅建築部門 入賞

雨やどりの家（島根県）
三宅 正浩（㈱y+M design office）
2011年竣工　撮影:笹倉洋平（笹の倉舎）

■ 第14回（2013年度）一般建築部門 入賞

Peanuts（広島県）
前田 圭介（UID）
2012年竣工　撮影:上田宏

■ 第11回（2010年度）住宅部門 優秀賞

谷万成の家（岡山県）
神家 昭雄（神家昭雄建築研究室）
2009年竣工　撮影:大橋富夫

■ 第8回（2007年度）一般建築部門 入賞

下関市立　豊北中学校（山口県）
岡村和典、稲垣恵一（㈱日本設計九州支社）
栫弘之、鬼木貴章（㈱日本設計）
2005年竣工

■ 第7回（2006年度）住宅部門 入賞

津山の家2（岡山県）
二井 清治（二井清治建築研究所）
1998年竣工　撮影:松村芳治

■ 第7回（2006年度）一般建築部門 入賞

山口きらら博記念公園「多目的ドーム」（山口県）
千鳥義典、児玉耕二（㈱日本設計建築設計群）
岡村和典（㈱日本設計九州支社）
小野塚能文、井田寛（㈱日本設計環境設備設計群）
斎藤公男（日本大学理工学部建築学科）（技術指導）
2001年竣工

■ 第3回（2002年度）住宅部門 最優秀賞

恒見邸　再生工事（岡山県）
楢村 徹
（倉敷建築工房 ㈲楢村徹設計室）
1999年竣工　撮影:Ryo Hata

■ 第1回（2000年度）住宅部門 最優秀賞

黒谷の家（岡山県）
大角 雄三
（一級建築士事務所大角雄三設計室）
1997年竣工　撮影:大野繁

JIA中国建築大賞

中国地方から、新しい建築文化の流れが生まれつつある

JIA中国建築大賞　審査委員長
内藤　廣

　建築文化の潮流におおきな変化が来つつあるような気がしています。都会は超高層ラッシュとオリンピック施設など、話題になるのは大きな組織設計や建設会社の設計施工による巨大プロジェクトばかりです。また、その隙間を縫うように、若手建築家によるリノベーションや小住宅。ちょっと変わった形態をしていて、そこそこセンスがいい作品。いかにも写真うつりが良くて雑誌向きです。

　しかし、仕事は山のようにあるのに、それに反するように都会の建築はどんどんつまらなくなってきています。薄くなってきているのです。こちらの胸に響いてくるものは少ないのです。建築を生み出す地面の力が弱くなっているからでしょうか。その上に暮らす建築家たちの意識が希薄になったからでしょうか。都会はどうやら三十年前のバブルの時と同じです。あの時もたくさんの建物が建てられ、たくさんの若手の建築家が出てきました。あの時代が今と重なります。

　それに対して、地域に根を下ろし、その場所に深く結びついた人々の暮らしとともに地道に建物を造ろうとしている地方の建築家の活動に、自身と誇りと覚悟を感じることが多くなりました。そこに生き生きとした新しい時代の息吹を感じます。

　JIAの中国支部による中国建築大賞の審査委員長を務めています。この賞は、そんな都会の、東京の建築文化に対して反旗を掲げるアンチテーゼのような試みです。当時支部長だった岩国の村重さんから懇請されて、やむなくお引き受けしました。やむなく、というのは、わたしの手持ちの時間が圧倒的に少なかったからです。

　それでも、やる以上は実りあるものにしたい。写真や書類では建築は分からない。現地審査をして確認しながら賞を決めることにしました。審査委員の広島の錦織さん、岡山の倉森さん、二人の長老とともに建築を巡る旅は楽しいものでした。しかし、これがなかなかの重労働です。中国地方は広い。毎年500km以上、多いときは700km以上走るのではないでしょうか。事務局もたいへんです。でも、それだけの成果は上がりつつあるのではないかと思っています。

　もう八年になります。年によって大きく数が異なりますが、一般部門と住宅部門を合わせて八点程度選ぶのですから、すでに六十点以上の優れた作品に賞を差し上げられたことになります。これだけでも大きな成果です。新人からベテランまで、年々応募作品のレベルは上がり続けています。失望したことはありません。松江、米子、福山、広島、岡山、倉敷、それぞれの拠点ですばらしい建築が生まれ、建築家たちの切磋琢磨する熱が生まれ、グループが生まれ、全体として良い雰囲気が生まれつつあります。これは審査をしていて実感として分かります。

　まだおぼろげで、なんとなく、というようにしか言えませんが、地方から、少なくとも中国地方から、新しい建築文化の流れが生まれつつあるのではないかと思っています。この流れをさらに大きく、そして強くたくましいものに育てていってほしいと切に願っています。

JIA中国建築大賞

第8回 JIA中国建築大賞2016　受賞作品

一般建築部門 特別賞

米子市公会堂（耐震補強及び大規模改修）（鳥取県）
江副 敏史、石坪 章、浦川 英敏（㈱日建設計、日建設計コンストラクション・マネジメント㈱、㈱桑本総合設計）

住宅部門 大賞

HOME BASE（鳥取県）
小林 和生、小林 利佳（㈱PLUS CASA）

住宅部門 優秀賞

求院の家（島根県）
村梶招子、村梶直人（ハルナツアーキ）

住宅部門 優秀賞

SOJA-O（岡山県）
可児 公一、植 美雪
（建築設計事務所可児公一植美雪）

住宅部門 優秀賞

インナーテラスの家（広島県）
後藤 亜貴（後藤亜貴建築設計事務所）

住宅部門 優秀賞

cell（広島県）
高橋 幸子、澁川 佳典（nest）

住宅部門 優秀賞

門前の農家（岡山県）
大角 雄三（大角雄三設計室）
撮影：畑亮

住宅部門 優秀賞

Cafe trois（島根県）
原 浩二（原浩二建築設計事務所）
撮影：野津研一

第7回 JIA中国建築大賞2015　受賞作品

▍一般建築部門 大賞

ONOMICHI U2（広島県）
谷尻 誠、吉田 愛
（SUPPOSE DESIGN OFFICE Co.,Ltd.）
撮影:矢野紀行

▍一般建築部門 特別賞

島根県立図書館駐輪場（島根県）
山本 大輔（島根県庁）
撮影:島根県総務部営繕課

▍一般建築部門 優秀賞

はあと保育園（山口県）
大野 秀敏、江口 英樹
（アプルデザインワークショップ）
撮影:北嶋俊治

▍一般建築部門 優秀賞

BWT あすとぴあ工場（山口県）
小嶋 一浩、赤松 佳珠子
（シーラカンスアンドアソシエイツ）
撮影:Kai Nakamura

▍一般建築部門 優秀賞

ひがし町（岡山県）
大角 雄三（大角雄三設計室）
撮影:畑亮

▍住宅部門 優秀賞

上山の家（岡山県）
神家 昭雄（神家昭雄建築研究室）
撮影:笹倉洋平

▍住宅部門 優秀賞

軒家／NOKIYA（広島県）
濱田 昌範（濱田昌範建築設計事務所）

▍住宅部門 優秀賞

凹みの家（島根県）
原 浩二（原浩二建築設計事務所）
撮影:野津研一

第6回 JIA中国建築大賞2014　受賞作品

■ 一般建築部門 大賞

出雲市庁舎（島根県）
川島 克也、田中 公康（㈱日建設計）
江角 彰宣（㈱みずほ設計）
撮影:古田雅文

■ 一般建築部門 特別賞

カモ井加工紙第三攪拌工場史料館（岡山県）
武井 誠、鍋島 千恵（TNA）
撮影:阿野太一

■ 一般建築部門 優秀賞

岡山県立大学同窓会館（岡山県）
岩本 弘光（岡山県立大学）

■ 一般建築部門 優秀賞

山陰合同銀行旧北支店再活用改修工事「ごうぎんカラコロ美術館」（島根県）
小草 伸春（㈱小草建築設計事務所）

■ 一般建築部門 優秀賞

Seto（広島県）
原田 真宏、原田 麻魚
（MOUNT FUJI ARCHITECTS STUDIO）
撮影:鈴木研一

■ 一般建築部門 優秀賞

おかやま山陽高校90周年記念同窓会館（岡山県）
大角 雄三（大角雄三設計室）
撮影:畑亮

■ 一般建築部門 優秀賞

二つのクリニック（山口県）
永見 龍一（永見龍一建築計画事務所）
撮影:岡本公二（TechniStaff）

■ 一般建築部門 優秀賞

KDC（小さな森の歯科診療所）（広島県）
加藤 詞史（㈱加藤建築設計事務所）

住宅部門 大賞

木立ちの家（広島県）
後藤 亜貴（後藤亜貴建築設計事務所）
撮影:上田宏

住宅部門 特別賞

後山山荘（広島県）
前田 圭介（UID）
撮影:上田宏

住宅部門 優秀賞

Indoor terraceの家（島根県）
原 浩二（原浩二建築設計事務所）
撮影:シンフォトワーク

住宅部門 優秀賞

寄島の家（岡山県）
今川 忠男（今川建築設計）
撮影:野村和慎

住宅部門 優秀賞

早島の家（岡山県）
稲垣 年彦、大賀 環子（トリムデザイン）

■ JIA中国建築大賞

第5回 JIA中国建築大賞2013　受賞作品

■ 一般建築部門 大賞

Peanuts（広島県）
前田 圭介（UID）
撮影:上田宏

■ 一般建築部門 特別賞

倉敷物語館周辺再生整備事業（岡山県）
楢村 徹（㈲楢村徹設計室）
撮影:㈲建築写真室

■ 一般建築部門 優秀賞

町屋 Cafe & Dining 恋しき（広島県）
今川 忠男（今川建築設計）
撮影:野村和慎

■ 住宅部門 大賞

大山の家（鳥取県）
大角 雄三（大角雄三設計室）　撮影:畑亮

■ 住宅部門 優秀賞

魚町の土蔵（島根県）
金坂 浩史
（スタジオ・カナ 一級建築士事務所）
撮影:新良太

■ 住宅部門 優秀賞

段々畑の家（島根県）
原 浩二（原浩二建築設計事務所）

■ 住宅部門 優秀賞

クローバーハウス（鳥取県）
来間 直樹（クルマナオキ建築設計事務所）
撮影:萱野雄一

第4回 JIA中国建築大賞2012　受賞作品

■ 一般建築部門 大賞

認定こども園　さざなみの森（広島県）
竹原 義二（無有建築工房）

■ 一般建築部門 優秀賞

おかやま山陽高校記念館（岡山県）
大角 雄三（大角雄三設計室）
撮影：大橋富夫

■ 一般建築部門 優秀賞

潜水士のためのグラス・ハウス（広島県）
中薗 哲也、名和 研二
撮影：矢野紀行

■ 一般建築部門 優秀賞

雲南市立三刀屋中学校校舎改築工事（島根県）
小草 伸春（㈱小草建築設計事務所）

■ 住宅部門 優秀賞

光舞台の家（広島県）
小川 文象
（FUTURE STUDIO一級建築士事務所）
撮影：矢野紀行

■ 住宅部門 大賞

ナカニワニワハウス（鳥取県）
来間 直樹（クルマナオキ建築設計事務所）
撮影：萱野雄一

■ 住宅部門 特別賞

谷万成の家（岡山県）
神家 昭雄（神家昭雄建築研究室）
撮影：神家昭雄

第3回 JIA中国建築大賞2011　受賞作品

一般建築部門 優秀賞

府中市立府中小学校・
府中中学校"府中学園"（広島県）

福田 卓志、小泉 治、藤田 雅義
（㈱日本設計）
撮影：輿水進

一般建築部門 優秀賞

せんだ保育所（広島県）

今川 忠男（今川建築設計）
撮影：野村和慎

一般建築部門 優秀賞

犬島「家プロジェクト」（岡山県）

妹島 和世（妹島和世建築設計事務所）
撮影：妹島和世建築設計事務所

一般建築部門 優秀賞

松江歴史館（島根県）

矢田 和弘（有環境計画建築研究所）
撮影：佐藤和成（SATOH PHOTO）

一般建築部門 優秀賞

松園（増改築）（島根県）

江角 俊則（一級建築士事務所江角アトリエ）

住宅部門 大賞

森のすみか/nest（広島県）

前田 圭介（UID）
撮影：上田宏

住宅部門 奨励賞

西粟倉の木の家 モデルハウス2号（岡山県）

長谷川 知子（一級建築士事務所ハセガワデザイン）
三木 志緒里（三木設計室）、下山 聡（下山設計室）
撮影：石原清

第2回 JIA中国建築大賞2010　受賞作品

■ 一般建築部門 大賞

津山洋学資料館（岡山県）
富田 玲子（㈱象設計集団）

■ 一般建築部門 優秀賞

森×hako（広島県）
前田 圭介（UID）
撮影:UID

■ 住宅部門 大賞

Slow House（島根県）
江角 俊則（一級建築士事務所江角アトリエ）

■ 住宅部門 優秀賞

キナリハウス（鳥取県）
来間 直樹（クルマナオキ建築設計事務所）
撮影:萱野雄一

■ 住宅部門 優秀賞

楽山文庫（広島県）
西野 達也、西野 奈美
（金沢大学　にしのなみ建築設計室）
撮影:野村和慎

■ 住宅部門 優秀賞

須波の家（広島県）
藤本 寿徳（藤本寿徳建築設計事務所）

JIA中国建築大賞

第1回 JIA中国建築大賞2009　受賞作品

一般建築部門 大賞

まなびの館ローズコム（広島県）
（福山市中央図書館・福山市生涯学習センター）
江副 敏史（㈱日建設計）

一般建築部門 優秀賞

旧日銀岡山支店
「ルネスホール」（岡山県）
佐藤 正平（㈱佐藤建築事務所）
撮影：畑亮

住宅部門 大賞

黒の家（岡山県）
神家 昭雄（神家昭雄建築研究室）
撮影：大橋富夫

住宅部門 大賞

HOVER HOUSE（広島県）
中薗 哲也、
ナフ・アーキテクト アンド デザイン㈲
撮影：矢野紀行

住宅部門 優秀賞

黒谷の家（岡山県）
大角 雄三（大角雄三設計室）
撮影：大野繁

住宅部門 優秀賞

FLAT（広島県）
大江 一夫（マニエラ建築設計事務所）
撮影：松村芳治（松村写真事務所）

住宅部門 優秀賞

デッキテラスの家（島根県）
原 浩二（原浩二建築設計事務所）

住宅部門 優秀賞

階段の家（島根県）
三宅 正浩（㈱y+M design office）
撮影：y+M design office

Color & Comfort

DICデコールは人の心を豊かにし
快適に過ごせる空間づくりのパートナーとして
様々な内装材を提供いたします。

DICデコール株式会社

豊かな創造　永遠の信頼

 株式会社　荒 木 組

最先端の実用設計

本　社　〒700-8540　岡山県岡山市北区天瀬4番33号
　　　　TEL.086-222-6841　FAX.086-231-5587
営業所　広島・笠岡・福山・津山

http://www.arakigumi.com

JIAとは

JIA（日本建築家協会）について

建 築 家 憲 章

建築家は、自らの業務を通じて先人が築いてきた社会的・文化的な資産を継承発展させ、地球環境をまもり安全で安心できる快適な生活と文化の形成に貢献します。
（創造行為）　建築家は、高度の専門技術と芸術的感性に基づく創造行為として業務を行います。
（公正中立）　建築家は、自由と独立の精神を堅持し、公正中立な立場で依頼者と社会に責任を持って業務に当たります。
（たゆみない研鑽）　建築家は、たゆみない研鑽によって自らの能力を高め役割を全うします。
（倫理の堅持）　建築家は、常に品性をもって行動し倫理を堅持します。
公益社団法人日本建築家協会（JIA）会員は上記憲章のもとに集う建築家であり、JIAは会員の質と行動を社会に保障するものです。

日本建築家協会（JIA）は、建築家が集う公益社団法人です。
プロフェッショナルとしての知識と技術を活かし、地域、文化、風土、
地球環境までをデザインする建築家。
建築・まちづくりを通して、社会公共に貢献する活動をしています。

日本建築家協会（The Japan Institute of Architects）は、建築の設計監理を行う建築家の団体として、1987年に結成されました。

日本建築家協会の会員は、建築がクライアントの大切な資産であると同時に、公共にとっても重要な社会的資産であると考えています。そして建築の設計監理を行う者すなわち建築家は、一定の知識・技術を持ち、その責任を負うにふさわしい高度の業務遂行能力と倫理意識を持つ必要があると考えています。日本建築家協会は、そのような建築家の資質の向上および業務の進歩改善を図ることを通じて、建築物の質の向上と建築文化の創造・発展に貢献することを目的として結成された団体であり、この目的のために建築家憲章、倫理規定・行動規範およ

び懲戒規定を会員の総意に基づいて定め、自主自律の団体運営を行っています。

欧米では古くから各国で建築家団体を結成し、自主運営によって建築家がその職業的責任を果たしていく上で必要な活動を行ってきました。日本建築家協会は、諸外国の団体と同じ性格を持つわが国唯一の建築家の団体として、建築家を代表する唯一の国際的NGOである国際建築家連合（UIA）の日本支部となっています。

日本建築家協会に加盟する4,000余名の建築家は、厳しい自己研鑽を行い、高い倫理意識を持って設計監理の業務を遂行することを通じてクライアントと社会公共のために貢献し、より豊かで美しく安全な国土と都市と建築の建設に貢献していきたいと考えています。

建築家宣言

- 自然や地球環境の持続性を損なわないよう十分な配慮を行ないます
- 社会・文化的資産である環境を守り、その健全な発展に努めます
- 安全・安心で快適な生活環境を創り、その維持に努めます
- 施工者から独立した立場にたって発注者と社会の利益を守ります
- 設計を統括して一定レベルの芸術性や空間の質を実現します
- 建築家憲章・倫理規定・行動規範に基づいて業務を遂行します

主な活動紹介

1. 私たちは皆さんとともに歩みます

まちづくり・住まいづくりや環境に関する各セミナー、文化・風土・環境を共に考える「街歩き」、芸術・文化・社会問題等をテーマにしたシンポジウムなど、市民の皆さんと一緒に地域に根ざした交流を行っています。まちづくり・住まいづくりの相談もお受けしています。

2. 歴史を刻んだ建築物などを調査・研究

環境破壊や文化財の損失に歯止めを掛けるため、古い建物の保存問題など、様々な観点から調査や研究活動をしています。多くの人に長く使われる、より良い建築や都市環境の形成をめざしています。

3. 未来を担う子ども向けのワークショップを開催

未来を担う子どもたちの環境や建築文化に対する学習支援を、ワークショップを通して行っています。子どもたちが楽しみながら造形の手法を学び、協調性と空間表現を養う場となるよう、私たちは地域の人たちと一緒に活動しています。

4. 災害対策、復興活動、さらに予防も支援

専門的立場として、大規模災害時の災害対策・復旧・復興に対しての活動や助言はもちろん、これから起こりうる災害に備えて災害予防研究や活動をしています。また国際的なネットワークを通じて、海外との情報交換・交流も始めています。

5. すぐれた建築作品を表彰、紹介

日本建築大賞、日本建築家協会賞、新人賞、25年賞、環境建築賞などの賞を設けて、すぐれた建築作品を顕彰し、建築文化のすばらしさや価値を社会に発信しています。また各支部や地域単位でも建築賞の表彰事業活動や次世代育成活動としての卒業設計コンクールを行っています。

6. 世界の国々と活発に交流・連携

日本建築家協会は、国際建築家連合（UIA）の唯一の日本支部として、諸外国との交流を図っています。建築文化や実務的な建築技術に関する情報交換や、人の交流を展開しています。2011年にはUIA世界大会を東京で開催しました。各支部、地域、部会単位でも国際交流が盛んです。

7. 美しく安全で快適な社会のために

美しく安全で快適な建築・都市・環境が形成されるように、専門家として行政に対して協力や提言などをしています。それは防災や地域の諸問題にも及びます。また建築・まちづくりの構想・設計・管理等にかかる設計者選定のアドバイスや選定委員の推薦も行っています。

8. 建築家の資質向上、業務支援

建築・まちづくりの専門家である建築家は、常に新しい技術や幅広い知識の向上に努めなければなりません。日本建築家協会は多くのプログラムを用意し、会員である建築家の資質向上を助けています。また業務が適正に行われるように設計・監理業務の支援もしています。

公益社団法人 日本建築家協会
The Japan Institute of Architects (JIA)
〒150-0001 東京都渋谷区神宮前2-3-18 JIA館
Tel : 03-3408-7125　Fax : 03-3408-7129
E-mail : info@jia.or.jp　URL : http://www.jia.or.jp

中村建設株式会社

本　　　社／〒716-0046　岡山県高梁市横町1541-5　　TEL：0866-22-1777㈹

岡山支店／〒700-0945　岡山市南区新保1310-1　　　TEL：086-244-1777

URL　http://www.nakamurakensetsu.com/

古民家で叶えたいライフスタイル

思い出がつまった我が家をリノベーションして、
より快適な暮らしを愉しみたい
人生の第二ステージにふさわしい住まいとして、
古民家を選択したい
カフェや工房に改装して、笑顔が集う空間に…

一級建築士／一級建築施工管理技士／伝統再築士
岡山県地域文化財建造物専門家（ヘリテージマネージャー）／木造住宅耐震診断員

 株式会社 建築工房いづき

岡山市北区下中野362-103　TEL.086-244-2777　FAX.086-244-2333

📞 0120-200-366

建築工房いづき｜検索

いつも人と創る。
株式会社 小倉組

OGURA CONSTRUCTION COMPANY

ISO 9001 ISAQ880
ISO14001 ISAE394

代表取締役社長
小倉 俊彦

本　　社	岡山市中区赤田85番地
〒703-8231	TEL (086)272-5196(代)
	FAX (086)273-8897
	一級建築士事務所（TEL 272-5197）
ホームページ	http://www.oguragumi.co.jp

家庭用燃料電池 エネファーム
ENE・FARM 家庭用燃料電池システム
ガス／電気／お湯
野菜ジュースも電気も自家製がいちばん!!

ガスがあるから、くらし快適。

岡山ガス

本　　社	TEL 086-272-3111
倉敷営業所	TEL 086-422-2750
ショールーム	TEL 086-223-5195

岡山ガス　検索

ガラス装飾でプラスアルファの個性を
SGOステンドグラス
すべてがオリジナル

風景やキカガク模様、かわいい動物まで様々なデザインが可能です。SGOステンドグラスを施工するだけで、空間が華やかになり明るく楽しい気持ちにしてくれます。

空間にあわせた彩りを

空間・壁面にダイナミックなアートを
P.Tレリーフ
すべてオンリーワン

その場に合ったデザイン、様々な素材によって質感、個性豊かに心安らぐ空間づくりを演出します。複数の素材を併せての使用や、金属・石素材・陶板でのレリーフも可能です。

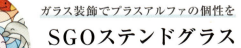
株式会社 ビィーティーエス　☎(086)243-5188　〒702-8027 岡山市南区芳泉一丁目8番6号
FAX(086)243-9502 ｜ E-Mail bts@btsbts.com ｜ http://www.btsbts.com

未来のオフィスを創造する

クラブン株式会社

岡山支店にて毎月
ビジネスソリューションフェア開催中

内装仕上工事・機械器具設置工事・電気通信工事
オフィス家具・OA機器・事務用品

詳しくはホームページをご覧ください
http://www.kurabun.co.jp

クラブン 検索

多様化する住まい・施設に合わせた
水まわりをご提案致します。

日東物産 株式会社

建築設備機器(衛生・空調・環境)総合商社

本　　社	〒701-0165	岡山市北区大内田830-1
	☎ (086) 292-5555(代)	FAX(086) 292-5081
営 業 所	(倉敷 ・ 津山)	
関連会社	(㈱建興社 ・ ㈱アメニティ日東)	

美しいものを使うよろこび

美しさにふれると、心が踊る。
美しいものがあるだけで、心が潤う。

THE CRASSO ――
美しいキッチンと、使うよろこびをあなたに。

NEW
2016年8月
発売

SYSTEM KITCHEN
THE CRASSO

TOTO倉敷ショールーム　〒710-0825　倉敷市安江85-1
TOTO岡山ショールーム　〒700-0973　岡山県岡山市北区下中野1210-7
☎0120-43-1010　営業時間:10:00～17:00　休館日:毎週水曜日(但し、祝日の水曜日は開館)，
夏期休暇，年末年始　TOTOホームページ www.toto.co.jp

岡山県建築住宅センター株式会社

適確・迅速・丁寧

◎主な業務内容◎　　　　　　　　　審査・検査・ご相談　お任せ下さい！！

- 建築確認、検査、仮使用認定　・構造計算適合性判定　・適合証明検査
- 住宅性能評価　　　　　　　　・長期優良住宅技術的審査　・住宅瑕疵担保責任保険
- 建築物省エネルギー法関係業務　・低炭素建築物技術的審査　・濃度測定
- 耐震診断　・住宅性能証明　・すまい給付金　・建築相談

本社
〒700-0818 岡山市北区蕃山町1-20
TEL086-227-3266　FAX086-227-3267

倉敷営業所
〒710-0824 倉敷市白楽町249-5
TEL086-426-5551　FAX086-426-5553

KOKUYO

コクヨ山陽四国販売株式会社

〒700-0826　岡山市北区磨屋町3の10　住友生命岡山ニューシティビル6階

TEL 086(225)3445　FAX 086(225)1355

URL:http://www.kokuyo-sanyo.co.jp/

金属製建具　設計・施工　メンテナンス

 **株式会社　日鋼商会**

代表取締役　髙畠　亮介

本　　社　〒702-8021　岡山市南区福田169-5　TEL(086)263-3141　FAX(086)263-0656
東京営業所　〒158-0092　東京都世田谷区野毛2-26-12　TEL(03)3702-1791　FAX(03)5760-6043
E-mail : nikko21@minos.ocn.ne.jp　URL : http://nikko-shoukai.jp/

最も多い故障の原因を根本的に解決！

安全くるくるシリーズ NN23A Series

過廻し防止機構付
高窓開閉ハンドルボックス

文部科学省・国土交通省認可
社団法人 文教施設協会
RIEF推奨学校施設優良部品
登録番号 MC 100111

自然排煙　マドコンシステム
引戸式遮煙防火設備　ハイブリッドドアコンシステム（大臣認定：CAS-0246）
自家発電式ストップセンサー付半自動システム　ハイブリッドドアー
省エネ換気装置　エコロベェ

http://www.kk-howa.co.jp　 株式會社 豊和

（株）豊和　正規代理店

OKAYAMA MADOCON Co.,Ltd.　人の環境と安全を考える

株式会社　岡山マドコン

〒700-0945
岡山市南区新保653-35
TEL：086-245-7888
FAX：086-245-7900
URL：http://okamado.jp/
E-mail:info@okamado.jp/

その開放感が、都市の一日を変えていく。

軽快な意匠と、明快な機能を両立する

SYSTEMA®

あふれる透明感と開放感を実現しながらも、高い機能性をもった「SYSTEMA」。
スリムなフレームや隠しかまちにより生み出される、風景と一体化した空間。
均整のとれたその軽快な意匠の裏には、自然換気や安全性など、
室内環境をより快適にするための明快な機能がしっかりと備わっています。
「SYSTEMA」は、これからのビル建築を先取りし、進化しつづけます。

YKK AP株式会社
岡山ビル建材支店　岡山市南区西市103-4　TEL.086-241-0194　http://www.ykkap.co.jp/search-b/

土江建材 T・Kﾎﾞﾙﾄ

日本初！「締めなおしの家」

未来の木造住宅耐震金具

T・Kﾎﾞﾙﾄ

新築・リフォームをする前に！

安全・安心・長寿命な屋上防水を目指して

環境対応型防水システム
改質アスファルト防水常温積層工法

ケミアス® ルーフ防水

■火気を使用せず、煙の問題はありません
■シームレスな仕上がりで接合部の不安はありません
■30年以上の豊富な施工実績による揺るぎない信頼があります

ケミアスルーフ防水NCA-503TC工法

株式会社 エイ・アール・センター
http://www.ar-center.co.jp
PCCA 全国ケミアスルーフ防水協同組合

大阪本社：〒541-0043 大阪市中央区高麗橋4丁目8番5号 正亜ビル	TEL：(06) 6229-8177	FAX：(06) 6203-9830
東京支店：〒103-0001 東京都中央区日本橋小伝馬町15番18号	TEL：(03) 5614-6295	FAX：(03) 3665-4702
名古屋営業所：〒460-0002 名古屋市中区丸の内3丁目6番41号 AMビル	TEL：(052) 951-3117	FAX：(052) 951-4331
札幌営業所：〒067-0041 北海道江別市元江別本町6-10	TEL：(011) 391-2577	FAX：(011) 391-2578

美しさと品質の最高峰、鋳物ホーロー浴槽

扱い商品

鋳物ホーロー浴槽、介護ユニットバス、特注ユニットバス
ステンレス浴槽、FRP浴槽、アクリル浴槽、木風呂、陶器風呂

⊙ 大和重工株式会社

広島営業所
住所　　広島県広島市西区商工センター8-12-34
TEL　　（082）-279-6626
FAX　　（082）-279-6627
E-mail　hiroshirosima@daiwajuko.co.jp
URL://　www.daiwajuko.co.jp

MK 銘建工業株式会社

木質構造事業部
〒719-3205 岡山県真庭市草加部1334-4
TEL:0867-42-3660　FAX:0867-42-5240
http://www.meikenkogyo.com

LED照明・照明システム・照明設計
HEMS BEMSエネルギー関連機器・省エネルギーご提案
空調システム・電線ケーブル・管路配管材・業務用 住宅用設備機器 電設資材綜合卸

赤木電機株式会社

電材卸部　〒700-0977　岡山市北区問屋町19-102　TEL086-243-2111　FAX086-243-7941
本　　社　〒700-0821　岡山市北区中山下1-6-55　TEL086-222-8111　FAX086-224-1459

 ● セントラル硝子㈱特約店　● ㈱LIXIL代理店

株式会社 ADF・アヤベ

〒700-0845　岡山市南区浜野2丁目8番11号　TEL.086-264-5771　FAX.086-264-5793

「新世代のゼネコン」へ。

株式会社 重藤組

代表取締役　重藤　武士

本　社　岡山県岡山市南区福成3-6-22
電　話　086-263-8811（代表）

 松野建設株式会社

岡山市中区西川原一丁目11番6-1号
電話：086-272-1293
http://www.matsuno-k.jp/

より高い居住性・快適性をもとめて
CS（顧客満足）を徹底的に追求し、未来を目指す企業として

当社は、地域密着型企業として、より密接な信頼関係をお客様と築くため、同業他社とは一味違う「差別化」をはかり、CS（顧客満足）への徹底したこだわりにより、密度の濃いサービス体制に取り組んでおります。今や単なる施設の設備の建設にとどまらず、時代の流れであるECO関連のノウハウ等、ソフト面のプラスアルファを取り入れた居住性や、快適性の高い空間を追及するとともに、お客様に密着した、息の長いメンテナンスや、維持管理に努めてまいります。

ISO9001　ISO14001　認証取得

掲載者一覧

氏名・事務所名・住所・電話・ファクス・URL・メールアドレス

氏名	事務所名	住所	電話	ファクス	URL	メールアドレス
赤木 定	㈱倉森建築設計事務所	岡山市北区丸の内1-9-3	tel.086-231-6191	fax.086-231-8087	http://www.kuramori.com	architect@kuramori.com
赤澤 輝彦	VANS岡山事務所	岡山市北区春日町9-1	tel.086-223-4737	fax.086-238-2260	http://www.h.do-up.com/home/vans/	vans@h.do-up.com
岩本 弘光	株式会社岩本弘光建築研究所	東京都品川区西五反田7-5-7	tel.03-6421-7755	fax.03-6421-7756	http://www.iwmt.jp	iwmt@iwmt.jp
上田 恭嗣	ノートルダム清心女子大学人間生活学部人間生活学科	岡山市北区伊福町2-16-9	tel.086-252-1155	fax.086-252-5344	http://www.ndsu.ac.jp/	ueda@post.ndsu.ac.jp
宇川 民夫	㈲宇川建築計画事務所	岡山市南区豊成3-17-24	tel.086-265-9333	fax.086-265-9334	http://www.ugawa-archi.com/	ugawa@mx3.tiki.ne.jp
大石 雅弘	㈱ADO建築設計事務所	岡山市北区西古松西町5-6	tel.086-244-0173	fax.086-244-0509	http://www.ado-sekkei.co.jp/	ado-isyoo@ado-sekkei.co.jp
大角 雄三	大角雄三設計室	岡山市北区門前16-1	tel.086-287-5037	fax.086-287-6858	http://ww9.tiki.ne.jp/~o-sumi/	o-sumi@mx9.tiki.ne.jp
大瀧 珠乃	アトリエ珠一級建築士事務所	岡山市中区国富1-1-15 メゾン操山108号	tel.086-237-0087	fax.086-237-1773	http://a-tama.jp/	office@a-tama.jp
織田 博充	㈱ケンチックス	岡山市中区門田屋敷1-5-1	tel.086-239-0036	fax.086-239-0037	http://www.kentix.jp	info@kentix.jp
神家 昭雄	神家昭雄建築研究所	岡山市南区あけぼの町19-6	tel.086-264-6480	fax.086-262-6126	http://ww3.tiki.ne.jp/~kamiya-akio/	kamiya-akio@mx3.tiki.ne.jp
神田 二郎	久世二郎建築研究室	岡山市北区楢津2751-1	tel.086-284-7779	fax.086-284-7779	http://www.jiro89.com	jiro89@mocha.ocn.ne.jp
岸本 泰三	岸本泰三建築研究所	津山市小田中1858-4 亀川ビル2F	tel.0868-31-0922	fax.0868-31-0922	http://www.kis-atelier.com	kishi@tvt.ne.jp
貴田 茂	㈱創和設計	岡山市北区野田屋町2-10-5	tel.086-231-2810	fax.086-231-2820	http://ww9.tiki.ne.jp/~nodaya1/	sowa-atec-1@mx9.tiki.ne.jp
倉森 治	㈱倉森建築設計事務所	岡山市北区丸の内1-9-3	tel.086-231-6191	fax.086-231-8087	http://www.kuramori.com	architect@kuramori.com
黒川 隆久	㈱黒川建築設計事務所	岡山市南区新保1187-1	tel.086-234-6688	fax.086-234-0166	http://www.kurokawa-sekkei.com	kurokawa.a.f@nifty.com
佐々木 満	㈱グランツ設計	岡山市北区津高701-1	tel.086-252-6667	fax.086-252-0044	http://www.glanz-design.co.jp/	m-sasaki@glanz-design.co.jp
佐渡 基宏	佐渡基宏建築アトリエ	倉敷市中央2-10-7 2f-A	tel.086-434-6557	fax.086-434-6445	http://sado-a.com	info@sado-a.com
佐藤 正平	㈱佐藤建築設計事務所	岡山市北区内山下2-11-8	tel.086-223-0830	fax.086-226-5660	http://www.shoheisato.com/	satokenchiku@mx3.tiki.ne.jp
芝村 満男	㈱ベン建築設計	岡山市北区番町1-1-6 新番町ビル3F	tel.086-231-3151	fax.086-232-3240	http://ben-kenchikusekkei.co.jp/	ben@ben-kenchikusekkei.co.jp
塩飽 繁樹	㈱塩飽設計	笠岡市笠岡4110-8	tel.0865-63-1528	fax.0865-63-1529	http://www.kcv.ne.jp/~shiwaku5/	shiwaku7@mx1.kcv.ne.jp
菅野 憲	㈱ユー・ディ・ディ設計	岡山市南区泉田1-3-10	tel.086-233-2266	fax.086-233-2262	http://uddsekkei.jp/	sugano@uddsekkei.jp
高田 一	㈲住元建築研究所	倉敷市連島5-1-48	tel.086-446-0219	fax.086-444-5949	https://jugen2017.jimdo.com/	jugen@helen.ocn.ne.jp
武田 賢治	㈱エスポ建築研究所	岡山市中区住吉町2-4	tel.086-273-7617	fax.086-273-0326	http://espo.ac	espo@espo.ac
武村 耕輔	㈱武村耕輔設計事務所	岡山市南区西市108-3 2F西	tel.086-241-3327	fax.086-805-6061	http://takemura-archi.com	info@takemura-archi.com
てらこしのりひと	テラクリエーター一級建築士事務所	岡山市中区高屋183-1-5	tel.080-4264-0083	fax.086-266-6250	http://www.terracreator.jp/	terakoshi@black.megaegg.ne.jp

ひととひとが
つながる
私たちのまちづくり

昭和19年12月創業

中国建設工業株式会社

本　　社／〒700-0944 岡山県岡山市南区泉田二丁目7番26号
　　　　　TEL 086-263-3241（代表）　FAX 086-264-9562（代表）
大阪支店／〒567-0835 大阪府茨木市新堂一丁目7番19号
　　　　　TEL 072-633-1705　　　　FAX 072-633-1705
URL　http://www.c-chuken.co.jp　　E-mail　info@c-chuken.co.jp

中桐 愼治	㈲中桐建築設計事務所	倉敷市船穂町船穂1444-1　tel.086-552-4141　fax.086-552-4143　http://www.nakagiri-archi.co.jp/　nakagiri@nakagiri-archi.co.jp
楢村 徹	㈲楢村徹設計室	倉敷市東町1-3　tel.086-435-2020　fax.086-435-2021　http://www2.kct.ne.jp/~nrmr/　naramuraarchistudio@nifty.com
丹羽 雅人	㈱丹羽建築設計事務所	岡山市北区内山下1-4-21　tel.086-226-1135　fax.086-222-7435　http://www.niwa-archi.com/　niwasekkei@niwa-archi.com
花田 則之	花田建築設計事務所	和気郡和気町衣笠158-4　tel.0869-93-3408　fax.0869-93-3409　hanada-k@yacht.ocn.ne.jp
平山 文則	岡山理科大学工学部建築学科 平山研究室	岡山市北区理大町1-1　tel.086-256-9635　fax.086-256-9635　http://www.archi.ous.ac.jp/~hirayama/　hirayama@archi.ous.ac.jp
福森 英樹	NEWTRAL DESIGN一級建築士事務所	岡山市北区内山下2-6-11 303　tel.090-7373-8988　fax.086-238-8281　http://www.newtral-design.com/　fukumori@newtral-design.com
藤田 佳篤	㈲ケイ・エフ設計	岡山市北区厚生町2-13-8　tel.086-231-2377　fax.086-231-2682　http://ww9.tiki.ne.jp/~katoku/　katoku@mx9.tiki.ne.jp
宮崎 勝秀	㈱宮崎建築設計事務所	岡山市北区今2-6-23-1　tel.086-241-2622　fax.086-245-1789　http://www.miyazaki-arc.com/　info@miyazaki-arc.com
山田 曉	㈱曉建築設計事務所	倉敷市平田226　tel.086-427-4310　fax.086-427-4311　http://www.akatuki-sekkei.com/　akatuki@optic.or.jp
山名 千代	さくら建築設計事務所	津山市西新町54　tel.0868-22-1236　fax.0868-22-1236　http://sakura-archi.jimdo.com　sakura-sekei@sky.pkaka.or.jp
渡辺 俊雄	㈱トシプランニング	岡山市北区平田172-104　tel.086-244-5288　fax.086-244-6136　http://www.toshiplan.com/　toshi-plan@hkg.odn.ne.jp
和田 洋子	一級建築士事務所㈲バジャン	倉敷市川西町15-15　tel.090-2094-5006　fax.086-451-5428　http://www.bajane.com/　wada@bajane.com
今川 忠男	今川建築設計	福山市東川口町2-8-17　tel.084-953-2729　fax.084-953-2729　http://ww4.tiki.ne.jp/~tadao/　tadao@mx4.tiki.ne.jp
大旗 祥	大旗連合建築設計㈱	広島市中区大手町3-3-27　tel.082-244-3734　fax.082-244-2642　http://www.oohata-arch.co.jp/　uac@oohata-arch.co.jp
久保井邦弘	㈱アトリエドリーム	広島市東区尾長東1-2-14　tel.082-261-9172　fax.082-261-9553　http://www.a-dream.co.jp　info@a-dream.co.jp
小泉 満	AK建築設計事務所	山県郡北広島町春木1519　tel.0826-72-6375　fax.0826-72-6375　http://www.khiro.jp/info.ak-ado/　info.ak-ado@khiro.jp
錦織 亮雄	㈱新広島設計	広島市中区国泰寺町1-8-30　tel.082-243-2751　fax.082-249-8374　http://www.shinhiro-sekkei.co.jp/　nishikiori@shinhiro-sekkei.co.jp
元廣 清志	㈲元廣建築設計事務所	尾道市西御所町6-15　電話／0848-23-5300　ファクス／0848-23-8499　www.urban.ne.jp/home/madesign　madesign@urban.ne.jp
八納 啓創	㈱G proportion アーキテクツ	広島市南区宇品神田3丁目1-3　tel.082-207-0888　fax.082-207-0880　http://keizo-office.com　info@keizo-office.com
三村 夏彦	㈲堀設計事務所	萩市大字川島338　tel.0838-25-1547　fax.0838-25-2452　http://horiarch.com　horiarch@lime.ocn.ne.jp
白根 博紀	白根博紀建築設計事務所	松江市学園南2-5-13　tel.0852-28-5466　fax.0852-28-5467　http://shirane-ao.com　hiroki.s@friend.ocn.ne.jp
矢田 和弘	有限会社環境計画建築研究所	松江市浜佐田町982-1　tel.0852-36-8266　fax.0852-36-9133　http://www.kankyou-keikaku.com　kankyou@ceres.ocn.ne.jp
山根 秀明	有限会社アイエムユウ建築設計事務所	松江市国屋町381-25-2　tel.0852-28-1125　fax.0852-28-1125　http://www.imu-co.jp　imu@imu-co.jp
杵村優一郎	杵村建築設計事務所	米子市末広町144　tel.0859-32-4183　fax.0859-32-7215　http://www2.sanmedia.or.jp/yk-website/　y-kine@sanmedia.or.jp

総合建設業 ・ 一級建築士事務所

巧技と信用を何よりも重んじる

株式会社 まつもとコーポレーション

本店：岡山市北区平田104-131　〒700-0952
PHONE （086） 246-7361　FACSIMILE （086） 246-6051

大阪支店　東京事務所
http://matsu-co.com/
since 1915

あとがき

公益社団法人 日本建築家協会
中国支部 岡山地域会

会長　黒川 隆久

　近年の世相の移り変わりの中で、建築家の社会的使命も多様化しております。災害復興に対して、環境に対して、また都市景観や街づくりに対して、建築文化の保存、伝承等々があり、その活躍の裾野（フィールド）は広くあります。

　"公社"という法人格をもつ社会的立場で、岡山地域会も多くの公益事業を行っています。「建築家」としての水準指標を規定して、公益の保護の為に資質向上を目指して自己研磨を行っている建築家集団です。

　上記の社会的使命をどう解釈したり、いかに取り組んで設計や建築活動に当っているかを、当会員の建築作品を通して感じていただければ幸いです。

　2007年に発行した「おかやまの建築家」の第2弾として、10年経過の後の新たな建築作品も多く、日々、建築に対して真摯に向き合っている岡山を中心とした建築家の考え方や業績をご紹介することで、多くの読者にご理解いただけるのではと発刊を決意した次第です。

　最後に、出版に際して、多くの方々に協力いただいたことに感謝したいと思います。特に吉備人出版の山川隆之氏には、いろいろとご指導いただき、刊行にこぎつけることができたことを感謝いたします。

中国支部会員リスト（平成29年1月31日）

正会員139名／準会員.専門会員2名／準会員.ジュニア会員2名／法人協力会員27社／岡山地域会法人協力会員7社

【岡山地域会】（正会員50名／準.専門会員1名／法人協力会員7社）
赤木木定, 赤澤輝彦, 岩本弘光, 上田恭嗣, 宇川民夫, 大石雅弘, 大角雄三, 大瀧珠乃, 大月始, 織田博充, 神家昭雄, 神田二郎, 岸本泰三, 貴田茂, 木村旭, 倉森治, 黒川隆久, 佐々木満, 佐藤正平, 佐渡基宏, 柴田晴夫, 塩飽繁樹, 新谷雅之, 菅野憲, 高田一, 武田賢治, 武村耕輔, 塚本雅久, 土田利行, 寺越則人, 中桐慎治, 中田利幸, 中村陽二, 楢村徹, 丹羽雅人, 花田則之, 平山文則, 福森英樹, 藤澤敏典, 藤田佳篤, 松下大輔, 宮崎勝秀, 森原通仁, 山下敬広, 山田暁, 山田孝延, 山名千代, 湯浅康生, 渡辺俊雄, 和田洋子／新田一真／㈱みのるガーデンセンター, ㈱ビィーティーエス, ㈱岡山マドコン, 扶桑電機工業㈱岡山営業所, 山金工業㈱岡山出張所, ㈱建築資料研究社岡山支店, ㈱L.I.B

【広島地域会】（正会員41名／準.専門会員1名／準.ジュニア会員2名）
石田平二, 今川忠男, 岩本秀三, 大江弘康, 大旗健, 大旗祥, 岡河貢, 沖本初, 奥迫眞一, 奥田實, 梶本正博, 河口佳介, 久保井邦宏, 高畑憲明, 後藤亜貴, 三分一博志, 柴田安章, 杉田輝征, 髙志俊明, 高橋幸子, 竹内謹治, 谷尻誠, 垂井俊郎, 千原康弘, 堤敏明, 土井一秀, 土肥晶仁, 仲子盛進, 中薗哲也, 錦織亮雄, 西田一好, 藤本和男, 藤本寿徳, 前岡智之, 前田圭介, 正木繁康, 三島久範, 宮野鼻啓二, 宮本剛, 元廣清志, 八納啓造／瀧口信二／小泉満, 中原貴夫

【山口地域会】（正会員19名）
井上敏雄, 岡村和典, 久保紳哉, 窪田勝文, 栗林隆, 佐田祐一, 田尾繁, 田中章, 田中輝幸, 谷川清志, 永富誠, 長野英彦, 永見龍一, 西村彰和, 松嵜強司, 三村夏彦, 村重保則, 山下昌伸, 山根満広

【島根地域会】（正会員21名）
石倉保富, 江角彰宣, 江角俊則, 尾川隆康, 小草伸春, 金坂浩史, 龜谷清, 白根博紀, 僊石友秋, 田原辰男, 寺本和雄, 原浩二, 古山篤史, 増野元泰, 松倉慎治, 三原貞則, 村上修二, 矢田和弘, 矢野敏明, 山根一史, 山根秀明

【鳥取地域会】（正会員7名）
杵村優一郎, 木下正昭, 来間直樹, 小林和生, 塚田隆, 戸井茂, 萬井博行

【法人協力会員】（26社）
コクヨマーケティング㈱, 三協立山㈱, 三和シャッター工業㈱, 三建設備工業㈱中国支店, 大光電機㈱中四国支店広島営業所, 中国電力㈱広島営業所, 東芝エレベータ㈱中国支社, TOTO㈱中国支社, ㈱ノザワ広島支店, ㈱松岡製作所, 三菱電機ビルテクノサービス㈱中国支社, パナソニック㈱エコソリューションズ㈱, 小松ウオール工業㈱, ㈱総合資格, カワノ工業㈱, ㈱ティ・シー・シー, ㈱LIXIL中国支社, 大和重工㈱広島営業所, DICデコール㈱大阪支店, ㈱鹿島技研, ㈱中建日報社, 土江建材T・Kボルト, ㈱エフワンエヌ中国支店, オスモ＆エーデル㈱, ㈱リンケン

おかやまと中国地方の建築家

2017年3月1日　発行

発行	公益社団法人 日本建築家協会 中国支部 岡山地域会
企画・編集	おかやまと中国地方の建築家 編集委員会 黒川隆久／藤田佳篤／大石雅弘／中桐慎治／山田暁／佐々木満 岡山地域会事務局　岡山市北区岩田町2-26 ニュー中桐ビル　電話 086-233-1276
制作・発売	吉備人出版 〒700-0823 岡山市北区丸の内2丁目11-22 電話 086-235-3456　ファクス 086-234-3210 ウェブサイト http://kibito.co.jp Eメール books@kibito.co.jp
取材・原稿	株式会社ワード／河本麻美／井手一博／川原真紀子／井上友子 沢坂千晶／藤本珠美／堤保代／野中千春
デザイン	守安涼（株式会社吉備人）
印刷・製本	株式会社廣済堂

©2017　Printed in Japan
乱丁本、落丁本はお取り替えいたします。ご面倒ですが吉備人出版までご返送ください。
ISBN978-4-86069-502-6 C0052

←未来へ続く街づくり

AISAWA

アイサワ工業株式会社

本　店／岡山市北区表町一丁目5番1号　TEL(086)225-2151(代)

本　社／東京都港区南青山五丁目10番5号　TEL(03)3409-8984

支　店／東北・東京・名古屋・大阪・岡山・広島・四国・九州